危地突破の経営

井原隆一 著

日本経営合理化協会

社長の帝王学シリーズ
Educating the Successor to Succeed

まえがき

私はソロバンとカネ勘定きり能のない一介の銀行屋でしかない。その私が、危地に陥った複数の中堅企業の再建に成功したと言ったら、そこに何か秘法でもあったのかと思われるかもしれない。

しかしこれには種も仕掛けもない。私の青年時代に失意貧困のどん底から脱出した体験と、多くの先賢の知恵を、今に活かしただけのことでしかないのである。

かつて私が親譲りの莫大な借金を抱えて途方に暮れていたときに、「借金なんかで悩むことはない、あんなものは返せばいいんですよ」と、いとも簡単に片づけられたことがあった。

理屈はまさにその通り、反論の余地はない。頼る人もなく、自ら可能を信じて厳しさに挑戦するしかなかった。そして馬鹿のひとつ覚えのように、借金返済に全知全能を集中したところ、「雨垂《あまだ》れ石を穿《うが》つ」のたとえ通りに、わずかな返済を重ねていくうちに借金の大山も崩れだしたのである。もし借金返済の困難を先にして、可能を後にしていたならば、完済は到底不可能になっていたであろう。

だいたい企業経営の行き詰まりのいちばんの原因は借金過多にある。巨額の借金で危地に追い込まれた会社に入社したときに、「返済にまわす原資は皆無」と言われ、「全社員の頭脳の貯蓄がある」と反駁《はんばく》したことがある。「貧すれば鈍する」を地でいっていたのでは救いがない、「貧すれば知恵が出る」でなければならないと。

私には「未曾有」とか「今世紀最悪」といわれるような大きな不況に、過去何度か直面してきた厳しい経験がある。しかし幸いにも先賢の知恵が強い支えとなって、危地のことごとくを突破することができた。三千年ものむかしから風雪に耐えて伝えられてきた先哲の英知は、危地にあってさらに光を放ち、時代を超えて私に突破の知恵と勇気を与えてくれたからである。

本書は、私の血肉となった数々の先賢の知恵と、企業活動におけるその応用体験を隠さずに綴ったものである。題して「危地突破の経営」とした。

近年、私のような老人にまで経営者からのご相談が途絶えることがない。それだけ世の中の状況が厳しいということだろう。このような時代にこそ、本書で紹介した先賢の知恵を難局打開の大きな手がかりにしていただきたいと祈るばかりである。

二〇〇三年　春の佳き日に

井原隆一

もくじ

第四章　賞罰と志気

第五章　全社統率の決め手

第六章　危地突破は準備にあり

第七章　トップの自己形成

第八章　他山の石

装丁　山崎登

※本書は二〇〇三年に出版した「危地突破の経営」の新装版である。

第一章　危地に臨むトップの心構え

一　自ら可能を信ぜよ

浮沈を決するもの

会社が存亡の絶壁に立たされたとき、全軍統率の指揮官の志気いかんが、これを決するといっても過言ではなかろう。

トップが突破に強い確信を抱き全知全能を傾注すれば、道は必ずひらけてくる。もし、トップが困難不可能を先にすれば突破の可能性はここで断たれることになる。

ここで中国の故事を参考にしてみよう、

中国東晋《とうしん》の時代、秦《しん》帝苻堅《ふけん》は賢相王猛《おうもう》を用い、一代で晋の数倍の強国になった。

その王猛が死ぬときに「晋にだけは手を出しなさるな」と遺言した。しかし苻堅は王猛が亡くなって八年後、王猛の遺言を無視して兵六十万人騎馬二十七万の大軍を率いて晋に戦いを挑んだ。

これに対して晋の宰相謝安《しゃあん》は、弟の謝石《しゃせき》を大将としてわずか八万の兵でこれにあたった。

苻堅が城に登って晋軍をみやると陣容は厳然たるもの。ふと八公山に目を移すと山は一面晋兵で埋まっている。驚いて見直してみるとそれは木や草であった、怖《お》じ気がついたからで、死んだ王猛の遺言が頭をかすめたための錯覚であったに違いない。

秦の大軍は淝《ひ》水の岸に陣をしいていて晋軍は渡ることができない。大将謝石の甥謝玄《しゃげん》が晋軍の先鋒を担っていたが、苻堅に使者を出して秦の軍に少し後退してもらい、渡河してから勝敗を決しようと申しいれた。苻堅はこれに応じ最前線を少し後退させ、晋軍が河を半分渡ったところで撃滅せよと命じた。

ところが秦軍は後退を命じられると、きりもなく去りはじめ、もはやそれを止めることができなく潰乱状態になって敗北してしまった。秦の兵士たちは風声鶴唳《かくれい》（風の音、鶴の啼き声）を聞いても晋軍が迫ってきたと思い込み、逃げ足を速めたのであった。

秦の大軍が風声鶴唳に走ることになった理由の一つは、賢相王猛の忠言が秦帝苻堅の頭から去らず、確たる勝利の自信をもてずにいたからではなかろうか。

一方、これを迎え打った晋相謝安は、勝利の報を受けたとき来客と囲碁を楽しんでいたという。味方勝利の自信がなければ、こう落ちついていられないはず。

これを言い換えれば勝敗、浮沈を決するものはトップの胸ひとつにありともいえるのではなかろうか。この淝水《ひ》の戦いでの敗戦を契機に、秦の巨大勢力は急激に衰えて消滅する。苻堅のわずかな怖じ気が、大国の命運を決めたといえなくもない。

次は漢の李広《りこう》の話である。

李広は、漢の飛将軍とよばれたほどの弓の名手で匈奴《きょうど》討伐の功労者でもあった。あるとき李広は匈奴の勢力圏内に深く侵攻し、百騎ほどの味方精鋭を率いて奇襲攻撃をかけたが、気づいてみると敵の大軍に包囲されていた。

味方の百騎はたちまち浮き足だって算《さん》を乱して（ちりぢりばらばらになって）逃げようとしたとき李広は叫んだ。

「落ちつけ、ここは下手に逃げたら匈奴のえじきになるだけだ。とどまってこそ生きる道がある。落ちついて行動すれば敵は我々のことを引き寄せるためのおとりの兵だと思うに違いない」と言って、一同に馬から降りて鞍を解けと命じた。

あまりの落ちついたしぐさに敵も不可解に思ったのか攻めてこない。これを察した李広は十数騎の剛の者に馬に鞍をおかせるや、疾風のように敵陣に攻め込ませ指揮していた敵の大将を射殺してしまった。

大将を射殺されてしまった兵たちが怖じ気付いている間に、李広の一派は一人の犠牲者もなく本隊に引き上げることができた。困難より可能を信じた李広の信念が一瞬の知恵を生み、それが全員無事の奇跡となったといえよう。

この二つの故事をみても、困難より可能を信じたトップに、実戦の知恵が天から与えられたといえる。

厳しさに挑戦

中国の諺《ことわざ》に「犬窮すれば垣根を越え、人窮すれば梁《はり》から下る」というのがある。

犬は追いつめられると、垣根が身の丈の何倍あろうとも必死で跳び越えようとするが、人間は家の梁までよじ登ってみても、もはやこれまでと観念して降りてきてしまうものだ、という意味である。

いまは経営に窮して梁から下っても名誉の戦死と見てくれるものはない。ここは犬になって垣根を跳び越してこそ名誉あるトップとなれるものである。

私は自分を図々しい人間、思い上がりの激しい人間と思っているが、こうなったのは、二十才のときに立てた四挑戦の一つ「厳しさに挑戦」という信条を、生涯貫くこととして自分に言い聞かせ、今にいたっているからではないかと思っている。

なにしろ若いころから夏冬通して起床は四時から五時、現役時代の出勤時間は七時半。食事も嫌いな物から先に食べ、仕事も困難なことから手をつける。何事もやり遂げないと気がすまない。

これは、少年時代の苦学難業から身についたものだろうが、この貧乏性は死ぬまで直ることはあるまい。

聖人孔子は論語の中で「七十にして己の欲するところに従えども矩《のり》を踰《こ》えず」(七十才にもなると、自分の思うままに言動しても修養を積んでいるから歩むべき道を外すことがない)とのべている。

私が八十才になったとき、女房に「世間では楽隠居したくなるトシだが、どうしてもそういう気持ちになれない」と話したら、「こういう人と一緒になったのが身の不運」と笑っていた。ところが私は九十を過ぎたいまも、本書の執筆もそうだが、己の決めた実行計画に挑戦しては矩を踰えている。この点に限っては論語読みの論語知らずのそしりは逃れられないようである。

これを他人からみると「なんと損な性分だろう」と思うだろうが、私自身は「なんと幸せな生まれつきなんだろう」と考えているわけで、苦とは少しも考えていない。もちろん苦しいことや困難を好んで求めているわけではない。むしろ、楽しさを求めている。困難や不可能を先にすると苦になるが、可能を先に考えると楽天主義になるからだろう。

私は、ほんとうの楽天主義者とは「不可能のカベは破ることができる」と信じて、それに挑む人間と理解している。

ここで私が危地に陥ったある会社の再建を託されて、副社長として入社した当時「うぬぼれ」「思い上がり自己過信もの」等と噂された体験をのべておきたい。

「うちの会社はほんとうに大丈夫なんでしょうか」という社員の質問に、

私は「この会社を大丈夫にするために入社したんです」と答えた。

聞いた人は私の頭を疑ったのではなかろうか。

「あれだけの借金をどうするつもりなんですか」

「借金など苦に悩むことはない。返せばいいんです。なにしろ、借金過多といわれるほどの借金ができたのは会社の実力と社員皆さんの信用と能力があったからでしょう。とすれば返済の能力も比例してあるはずだと思います。おそらく皆さんの心配は返済資源が見あたらないことなんでしょうが、逆に何もないから返済可能と言っているのです」

「何もなかったら、なおさら不可能ではないんですか」

「その逆です、何かあったらそれに依存して、これだけ高い借金の山は崩せない。借金返済の知恵は無の中にあり、何もないから崩すことができるものです」

二部上場の会社ながら、膨大な借金で首が回らず、主力銀行が「一度倒産して、再出発してはどうか」というほどの窮地に追い込まれていたのだから、社員も私のことを相当なはったり屋と考えたことだろう。

無の強さ

ここで「無の強さ」について幾つか例をのべてみたい。

中国戦国時代は、強国秦の他に燕《えん》、趙《ちょう》、韓、魏《ぎ》、斉《せい》、楚《そ》の六ヶ国が独立を賭けて腐心していた。しかし弱小国の悲しさ、いずれは強国秦の各個撃破を受け滅亡も時間の問題と見られていた。

これを救うには弱小六ヶ国の同盟つまり合従《がっしょう》して秦に抵抗する以外にはない。この実現に努力したのが蘇秦《そしん》という策士、各国を訪れて用いた口説文句が、有名な「鶏口《けいこう》となるも牛後となる勿《なか》れ」つまり、

「鶏の口のように小国であった方が独立国としての名誉が保たれ、大国であっても秦の属国となっては大きいだけで、まるで牛の尻のような有り様では不名誉なことになるでしょう」ということであった。

ところが蘇秦は一回目の遊説に失敗し、乞食同然の姿で自宅のある洛陽《らくよう》にもどってきた。するとこうなったのも自業自得といわんばかりに、兄嫁は食事の支度もせず、妻は布を織る作業をやめず機台《はた》から降りようともしなかった。

ところが蘇秦は再び遊説の旅に出てついに合従に成功し、一躍、合従の最高功労者となり、六ヶ国の宰相を兼務するようになった。洛陽の自分の家に立ち寄ったときは、王侯を凌ぐような行列で帰った。すると兄嫁も妻も蘇秦の顔を見上げることができないほど平伏し、食事

の給仕をするときも蘇秦《そしん》をまともに見ることができない。

蘇秦が「前も今も同じ人間なのにどうしてこうも待遇が違うのか」と聞くと、兄嫁は「あなたの位が高くなり、金持ちになったからです」と答えた。

蘇秦はこれを聞くなり、「われをして洛陽負郭《ふかく》の田二頃《にけい》あらしめば、あによく六国の相印を帯びんや」（自分がもし洛陽城近くに田を約五ヘクタールほど持っていたなら、六ヶ国の宰相を兼ねるほどの大事業を果たすことはできなかったろう）と言った。

一個の赤貧が六つの国をめぐって国王を説得する勇気はどこからでたのか。無一物であったから大事業が可能となったのである。所有するものにこだわりを持ちつづけようとしている人間には、大きな思い切った事はできないものである。

中国の老子は「成功者は己を没却する」とのべているが、名利のすべてを「無」と考えているから成功するという意味でもあろう。

次も「無の強さ」の例である。

私が銀行に勤めていた時代、トヨタ自動車のプロセールスマン日本一といわれた中村賢作さんという方と対談したことがある。

「昨年は七百五十六万円稼いだが今年は一千万円に挑戦している」と言っていた。当時の一千万円はいまなら四～五千万円になるだろうか。そのとき彼は三十一才、どうして、そのような根性になれるのか聞いてみた。

答えは「僕にはなにもなかったから。なにしろ、学歴は高校の普通科卒で、卒業後一年間はガソリンスタンドのパート、その後一年自動車修理工をやって、プロセールスの世界へ単独とび込んだ。固定給は月四千円で名刺代にも不足、それに固定客はゼロ。すべて飛び込みセールスで、あるものは他社の強力な競争相手だけ。これでは守るものもなし、あるものは自分の足と知恵だけだから」と話してくれた。

アメリカの鉄鋼王といわれたカーネギーは、ろくに学校にもいかず、紡績工場の糸巻工、電報配達夫をやり、鉄鋼業を始めるころには一ドルのカネの調達のために苦労したとのべているが、後に彼の著書で、大実業家になる条件として、

一に貧困に育つこと

二に大学を出ないこと

三に投機に走らないこと

等をあげているが、いずれも、「無の強さ」を表したものといえよう。

五無才の強さ

先に「借金返済の知恵は無の中にあり」とのべたが、「無の強さ」は、私の青年時代の体験から浮かんでくることでもある。

親譲りの膨大な借金を、「学なし、地位なし、金もなし、頭髪もなければ、青春もなし」の「五無才」でなんとか完済したことは、これまであちこちに書いてきた。

貧農の長男として生まれた私は、高等小学校半ばで地元の銀行に給仕として入った。旧制中学の夜学に四年通って十八才の三月に卒業したが、その一週間後に長患《わずら》いをしていた父に死なれた。

残されたのは、三千五百円という思ってもみなかった大借財と約一万平米の田畑と宅地。当時の地価はタダ同然で売ろうにも売れない。私の年収（月収ではない）三百円では返済もままならない膨大な借金であった。借金の利息は年一割であったから私の年収では利息にも足りない。

私は母の気持ちを察して、どうせおカネに変えられないのなら一握りの土地も売らずに借金を完済しようと決心した。そこで休日はもちろん銀行へ出勤する前も、夜明けから農作業を手伝い、勤めから帰ると野菜を荷車に積んで町中の商店に売りにいき、深夜また農作業に励んだ。ところがムリがたたって腸疾患から栄養失調になり、髪の毛がほとんど抜け落ちてしまった。

その治療のため半年ほど銀行を休んだが治らず、弟や妹を食べさせていくためにも恥を忍んで出勤した。しかし半年休んだために昇給はストップ、職場内の序列もいちばん下に転落。「学なし、地位なし、金もなし、頭髪もなければ、青春もない五無才」と自嘲し、私の生涯中もっとも失意貧困のときであった。

そのころ気晴らしのつもりで中国の古典を読んでいたが、漢書《かんじょ》にある「淵《ふち》に臨《のぞ》みて魚を羨《うらや》むは退《しりぞ》きて網を結《むす》ぶにしかず」という一行が、私の目を覚ましてくれた。岸辺を泳いでいる魚を見て羨《うらや》んでもしかたがない、それよりも家に帰って網作りをしたほうがよい。自分を五無才と自嘲し、他人の出世や裕福な暮らしや黒々とした頭髪を羨んだところで、だれも借金を返してはくれない。毛が生えてくるわけでもない。

また和漢朗詠集にある「東岸西岸の柳遅速《ちそく》同じからず、南枝北枝の梅開落《かいらく》すでに異なり」という一行は、私を心から勇気づけてくれた。

大河の東岸に生えている柳は速く芽を出し、西岸の柳は氷が溶けるのも遅いから芽を出すのも遅れる。同じ梅の木の南側の枝は陽当たりもよいので速く花を咲かせ、北側のそれは遅い。私はまるで西側の柳、北側の枝と同じ立場だが、いずれ芽を出し花を咲かせることができるはずだ。陽当たりの悪さを嘆いているひまに力をつけておきさえすれば、きっといつかは他の人と同じように芽を出し花を咲かせることができると考えたのである。

人間というものは気分を転換すると、不思議に先々の光が輝いてみえるようになる。

そこで自分の一生を十年きざみの五段階に分け生涯計画を立てた。

二十代は「銀行実務と法律の勉強」、三十代は「哲学を学ぶ」、四十代は「経済・経営の勉強」、五十代は「蓄財」、六十代は「晴耕雨読」。

さらに生涯信条として本書の冒頭に記した四挑戦を定めたわけである。それは、

一、厳しさに挑戦

二、時代の変化に挑戦

三、自己の能力の限界に挑戦

四、疑問（先見）に挑戦、の四つであった。

私の恥を長々と書きつづってきたが、いま九十才を越えて大きな間違いもなく来られたのも、二十才のときに敷いた生涯前進のレールを、飽きもせず歩みつづけてきたおかげだろう。

それにしても、人生わずか五十年といわれていた当時、五十までを自己形成の期間としたのであるから、いかにも遠回りしたようであるが、青春時代の私を目覚めさせ勇気を与えてくれた前述の二つの名句には、感謝してもしきれないものがある。

貧すれば智恵が出る

さて再建会社に入社したときの話に戻る。

昼食後の雑談で、「この会社にあるものは借金だけだ」とぼやいている幹部に私はこう反論しておいた。「当社には有形資産はないが無形資産は資産超過だ。ただ、この資産を活用する能力者がいないだけだ」と。

この幹部はどう聞いたのだろうか。

「貧すれば鈍する」、貧乏するとばかになるという意味だろうが、ばかになるのは根性が足らないからではないかと思う。貧乏しても浮び出てくるものが人間にはある。貧乏から抜け出すための知恵である。

現職のころ私は、「諸戸精六一代記」というテレビ番組に出たことがある、明治時代に桑名の森林王といわれた精六は、二十才のとき母親が残した千両の大借金を返済するために立志二十ヶ条を作ったが、私はその何ヶ条かを読む役であった。台本を渡されてまず驚いた。

第一条、川の渡し賃一銭五厘を節約するため、寒中以外は泳ぎ渡ること

第二条、砂利道以外は、はだしで歩くこと（わらじ代の節約ということであろう）

第三条、旅篭屋《はたご》で泊まるときは、夕飯はすませてきたと断って泊まること（宿泊代が半額で泊まれる）

さらに食事を出す家へ行くときは空腹で行くこと、腹持ちのいい物から食することなどの二十ヶ条。貧して鈍していたのでは、二十才の青年からこの知恵は出なかろう。貧から出た知恵なのである。この知恵で精六は十年後に借金を完済、以降に蓄えたカネをもとに米相場で大利を得て、森林で財をきずくことになる。

貧して鈍しているのはすでに貧に負けているからである。貧に勝とうとする者は、貧を恥じず、貧に負けることもない。

私の青年時代は祖父以来の借金返済に悪戦苦闘の連続だったが、縄をない、俵を編み、肥桶を担ぎ、荷車をひいて芋や豆を八百屋へ売りにいっても、若いから恥ずかしいとは思ったが恥とは考えなかった。三十二才で借金を完済したが、今にして思えば天の与えてくれた試練の恩と考えているほどである。

「山深きも更に深く入るべし、聞く早梅の村有るを」

山が深くとも困難を恐れずに奥へと入って行くべきだ。山奥には早咲きの梅の花が咲く佳境があるというからという意味だが、困難を恐れず探求していけば必ず難関の道も拓けてくる。この文句は南宋の楊万里《ようばんり》の詩の一句だが、せっかく苦難の道を切り拓いてきながら手前で志を捨ててしまう人がある。

「春を探る」と題した詩に「帰来《きらい》試みに梅梢《こずえ》を把《と》って看《み》れば、春は枝頭に在りて已《すで》に十分」とある。八方走り廻って春を探したが春を見つけることはできなかった。帰ろうとして、そこにあった梅の小枝を取ってみると、春はその小枝の先に来ていたという意味だが、困難克服の兆しがそこに見えかくれしているのに、気づかずあきらめてしまう向きも少なくはないようである。

二　自ら依存心を捨てよ

親会社依存を断たずに

ある会社から危地脱出について相談を受けた。一度も顔をだしたことがない名ばかりの監査役をしていた会社であった。

創業者の社長が死んで、二代目社長が注文先の親会社というべき会社から出向して二年目のことであった。元社長の長男が学卒間もないということで親会社から社長を迎え入れたのであった。ところが業績が悪化するばかりで、いよいよ危ないという噂であった。名ばかりの監査役でも創業者に義理がある。

夕方その会社を訪れた。新社長は留守であったが、旧社長の長男が主となって何やら相談中であった。それにしても静まり返った会合である。

私は挨拶もそこそこに「まるでこの会社のお通夜のようだが、まだ会社が息絶えたわけではなかろう。葬儀の相談より、元気を出して難局打開の会議に切りかえてはどうか。明晩再び来るからそれまでに打開策を定めておいてもらいたい」とお願いした。

そして翌晩、私の再建案として思い切った策を第二条から書き並べた。

「第一条は筆頭株主で株の過半数を所有する前社長の長男にだけ示す」として話しだした。

いま二百人いる社員を百五十人にして五十人は一年間にかぎって雇用中止、

接待費七十％削減、

広告宣伝費をゼロとする、というような厳しいものだった。接待交際費の大部分は、親会社から派遣されてきた新社長が使っているものであった。

そんなに削られてはお客をゴルフに接待もできないという意見に対し、

「この会社の内情は秘密にできようが、昨年暮れの社員のボーナスがわずか一・五ヶ月、これを十二回分割払いということで組合と妥結したことは秘密にはできまい。それを知りながらゴルフ接待を求める人間を飼っておくような親会社とは縁を切るべきだ。それで会社をつぶすなら前社長も許してくれるだろう」と言った。それとなく新社長の辞任という再建案の第一条をほのめかしておいた。

つまり親会社への依存心を断てという意味であった。

私は再建案を固めるため、その月に都合七回も足を運んでいる。しかしなかなか実行に踏み切らない。最後に訪れた時は、夕食だといってその土地一流のうなぎ屋から最高のうな丼が十余人の幹部の前に並べられた。

そこでまた私のにくまれ口がとびだした。「お通夜の晩にうな丼では佛に相すまないから食べずに帰るぞ」と空腹を抑えて帰宅した。幹部たちは死から蘇生の可能性があると知っただけでほっとしたのであろうが、私としては、釘は最後まで打っておかないと抜けてしまうと考えたからである。

その会社は一年後にはなんとか業績が回復し、休業中の社員も呼び戻したという報告があった。そのときに名だけの監査役を返上させていただいた。

しかしその後も私の案の第一条である「新社長の辞任」については、創立者の長男が親会社依存に未練を残したためか、求められることはなかった。ところがこの社長は経費の公私混用を重ね、社員の信頼を失い、会社業績も再び悪化して結局倒産してしまった。

社長が雲隠れした病院を社員が取り巻いたという話を聞いたが、社長を派遣した親会社が、この会社を援助したという話はきいていない。

神頼み

私は青年当時の苦難時期に「依存は男の恥」と考えてきただけに、いかなる場合でも何ごとにつけ依存することを避けるということが習性となっているようである。

これにはもう一つの理由がある。

昔のわが家には敷地三千平米の半分を取り巻く幅三メートルほどの堀があり、淡水魚の棲み場でもあった。代々わが家の主婦が早死にしているのを憂いた父が、近くに住む占いの先生に占ってもらったところ、周囲の堀割りを埋めないと主婦の早死にはつづくと言われ、父はそれを信じて農耕の合間に荷車に土を積み堀を埋め立てていた。そして大半を埋め立てたころ四十四才の若さで病死してしまった。

結果は占いとは逆になって、早死にと占われた母は七十七才の長寿。これを目の当たり見ている私にはどうも占いを信じられなくなっていた。

兵法家尉繚子《うつりょうし》は「吉凶は人力に及ばず」とのべているが、吉だ凶だといっても、しょせんは人の力には叶わないものである。父は占いに従って早死にしている。これでは信じよ、といわれても私の心が許さない。

こうした私の心はことごとに依存心を払い除けたくなるようだ。

再建のために入社し、五ヶ年計画を発表したとき、神社へ祈願をかけましょうかと言われたことがある。

「いや、それよりも計画を完全達成できたらお礼参りに行く」と言っておいた。

「祈願をしないでお礼参りですか」と聞かれたので、

「天は自ら援《たす》けるものを援く」と言われているが、われわれが自ら助かるために全力をつくせば天は助けてくれる。それに対してのお礼参りだと答えておいた。

ある社長から、姓名判断で名を変えればよいと言われたので変えたが会社は良くならず、だんだん沈んでいくような感じがする、どうしたらよいかという相談があった。私はこう答えた。「どうせ改名するなら松下幸之助さんにあやかるように幸之助とすればよかったのに」

と。

松下幸之助さんにもピンチがないわけではなかった。一時、滞納王と言われた時期もあったとか。しかし松下さんは名を変えていないがその後発展しつづけて世界の松下に成長している。あなたが他人の力に頼ろうとする限り、毎日名を変えても会社は良くならないでしょうと言って別れた。

ある社長は業績回復のために姓名を変え神に祈ったが、こと志《こころざし》と違ったため、今度は自ら神に仕える神主になったという。これでは神様にでもならないかぎり、希望を達せられないのではないか。いっそのこと名前無しにするしかない。

他に依存すれば、依存した効果はあったとしても、それだけ自分の力がマイナスとなるだけだろうに。

自分を頼め

会社経営者が最も陥りやすい依存心に景気好転の期待がある。

景気が回復すれば会社の業績も上向く、好況になれば金儲けのチャンスも多くなる、という景気待望論は多くの経営者に共通している。

甚《はなは》だしいのはインフレ待望論である。

インフレになれば物価が上がり、借金返済も楽になる等々環境依存論とでもいえるもので、自分の力を信じない言い訳でしかない。自分の力を信じない者が、どうして部下に信じさせることができよう。不況来らば来れの気概を示してこそ人はついてくるものである。

のべている会社再建にしても莫大な借金返済に当たって、会社の資産処分、人員整理などには一切手を付けていない。資産を売り、人を解雇してカネを返したのでは、残された社員から返済のための知恵も出なければ汗も出さなくなるからである。

銀行から再建会社に入社したときに、銀行から再建達成まで貸金の金利を棚上げしてやろうと言われたが、私はその場で断った。

主力銀行が金利を棚上げしてくれれば、たちまち収支バランスは改善されるが、しかし棚上げは実利実際ではない。いずれは返金しなければならないもの、返済を先送りするだけでしかない。

しかも、一時の棚上げは長期的な依存心となる危険もあり、銀行に救われたという信用上のマイナスは永久にくずすことはできなかろう。金利の棚上げを断れば、社内の緊張が緩むこともない、などの理由で金利棚上げを辞退したわけだが、その後の対策からみて一瞬の判断であったが、あれでよかったと思ったものである。もし棚上げに甘んじていたとしたら、別に述べるように完済五ヶ年計画を一年半も短縮することはできなかったろう。銀行に頼らず自分に頼んだことに満足したものである。

言志四録に「一灯を掲げて暗夜を行く。暗夜を憂うることなかれ、一灯を頼め」という言葉がある。

暗い夜道を行くとき、暗いことを嘆きなさんな、ひと張りの提灯の明かりを頼りなさいということだ。

言い換えると会社が真の暗闇状態であっても心配しなさるな、ただただ自分を頼みなさいということになる。

オイルショックの時だったか、一人の社長らしき人が独り言のように「神も佛もあるものか」と、私に聞こえるように言っていたことがある。

そこで私はにこにこしながら、「神も佛もいなくても、あなたがいるじゃないですか」と声をかけた。その人は私の顔を見て、笑みを浮べて去って行ったが、誰かいなくても、何がなくても自分がいるということに気づいてくれたらいいなと思いながら見送った。

さて再建会社の場合、銀行依存を断って数十億円にのぼった借金の返済に集中攻撃をかけた。返済で利払い軽減した分だけ利益が増える。財務の改善はその日から効果が表れるから、「たとえ千円のカネでも余裕があったら返せ」と指示をした。

すると経理の担当長が「そんなの焼け石に水です」と言っている。私は「五十億円の借金は、千円返すと四十九億九千九百九十九万九千円に減る。五十億じゃない」と言いつづけた。在庫が一千万円減ったと聞けば、すぐに一千万円借金を返済させる。今月は経費を百万円節約できたと聞けば、そのまま借金返済に回す。このように返済のピッチをあげていって支払利息がどんどん減っていき、翌年にはなんと黒字転換するまでになった。

赤字経営から黒字経営になると株価にも陽が当たるようになる。当時額面五百円だったが額面の八倍にもなったので時価発行増資をして一億円の増資で八億円の資金が入ってくる。しばらくして株価が額面の十六倍にもなったので再び一億円の公募増資。これで借金の大半は返済されてしまった。

私は経理の部課長のために一席設け、こう話した。

「利子免除をあてにするどころか自分の力で借金を返済してしまった。もし銀行の手助けをあてにしていたなら返済は不可能だったろう。愚公《ぐこう》山を移す、愚公の熱意に神が感じ子神に山を背負わせ他に移したというが、部課長諸君の自助努力に感じて、神が借金の山を他に移してくれたのだと思う」と。

「愚公山を移す」は列子《れっし》に出てくる話だ。

北山《ほくさん》に愚公という九十才近くになる老人が住んでいた。家の前に高さ一万仞《じん》もある二つの山があり、そのため人々が回り道をしている。

愚公はこの二つの山を切り崩して平坦な道を造りたいと家族に相談した。子供と孫は賛成しても細君は反対である。「丘の一角を崩すのだって難しいのに、山を二つ崩すことなどムリです。まして削った土や石はどうするのですか」

「渤海《ぼっかい》の浜にでも捨てればよい」。そして三人の子と孫を連れ、石を割り土を掘って、もっこで山から遠く離れた渤海の海に運び始めた。

それを見ていた小利口な者が「老い先短いのに馬鹿なことをするな」と笑ったら、愚公は

「お前こそ愚か者で救いようがない。私のあとは息子がいるし孫もいる、孫がまた子を産んで決して尽きることがない。ところが山はこれ以上大きくなることはない。いつかは平らになるときがこようというもの」と。天帝は愚公の熱意に感心し、神をつかわせ山を移動させてくれたという。

愚公とは愚かな人という意味である。しかし愚公、愚直と言われても、ひたすら借金を返済しつづけると、あれだけあった膨大な借金の山が、あとかたもなくなったのである。

依存心を払拭する

依存心ほど己を弱くするものはない。人生成功の敵なりと決めつけるほどだが、といって私に依存心が皆無というわけではない。

私の依存しているものが三つある。

その一つは「天」

二つに「自分自身」

三に「先賢の智」である。

天に依存しても自分に頼っても、二千年も昔の人の知恵を借用しても、文句も言われないし、代償を払うこともない。これも私の貧乏育ちから自然に出てきたものと考えているわけである。

しかし他人に依存する、親会社に依存する、銀行に依存するなどは、自らを弱くするだけで断固として払拭しなければならない。

次に再建会社の内部に巣くっていた依存心を、どのように払拭していったのか具体的にのべてみたい。

再建会社の主力銀行は、私のもといたところで融資担当常務は私の後輩であった。先輩にこれ以上の苦労をかけまいという好意からだったろう、元利棚上げするから一日も早く会社を再建して下さいという申し入れを、私が断ったことは前に記した。

元利棚上げの話を会社へ持ち帰ったら双手歓迎となるだろう。なにしろ営業収益の何十%かを借金利払いにあてているという状態であったから。

しかし私はその場で辞退した。元利棚上げされれば一時銀行の好意に依存するだけで、いずれは元利を返済せねばならない。一時でも安易にすがることは、苦労を先延ばしするだけである。それよりも社内に安易に頼るという風潮が拡がることで、より高い代償を払わなければならない。もし棚上げに甘んじていたら却って泥沼に落ち込んでいたのではなかろうか。

次に、社内の大企業病、すなわち各部門間の依存心と責任の転嫁の排除である。

韓非子に次の話がある。

ある国王が音楽好きで合奏団をつくり合奏させたところ、みごとな出来ばえだった。一人一人が名手に違いないと思い、今度は一人ずつ演奏することにしたところ自信のない一人が逃げてしまった。合奏なら自分の下手さを隠すことができるが、一人では上手、下手が明らかになるからである。

現代の組織内でも、意識的ではないにしてもこれに似たことがあるのではなかろうか。つまり、能力者の陰にかくれて己の不足をカバーしているというようなことが。

能力者の中にかくれた非能力者。悪い言葉でいうなら寄生虫的存在である。私はこれを無くすために、三つの方法をとった。

その一つは各部門別の独立採算制、二つ目は本社から独立可能な部門の分社化、すなわち子会社化である。三つ目として個人能力の向上を目的として昇格試験制度を設け、係長・課長昇格に用いた。

　こうした結果、部門の責任者は、部門業績を向上させるため、採算意識のない非協力者や非能力者を次第に敬遠するようになってきた。従来なにかといえば人が足りない、経費が足りないと言っていたものが、余分な人間を引き取ってくれとか、それらの人間の給与は本部で負担してくれとか言うようになってきたのだ。分社化とこれらの余剰人員の始末は本部でつけることになるが、そのいきさつは別記する。

　ともかく独立採算にした結果、大組織にありがちな他人に頼る、他部門に責任転嫁するなど他力依存の影はまったく見られなくなってきた。

　当時私はこうした変化を「組織の逞《たくま》しさが出てきた」と喜んだものである。

成らずんば止めず

　トップから「俺についてこい」と言われたときほど力強く感じたことはない、と話してくれた人がいた。

　また、創業早々の社長から、十株の株券を渡され「これに人生を賭けてみろ」と言われて社長の意気込みに感じ入ったことがある、と話してくれた人もあった。

いうまでもなくトップの仕事に対する執念、強い目的意識と「成らずんば止めず」の決意が伝わっての感激である。

中国の昔、強国秦に反旗を翻《ひるがえ》した陳勝《ちんしょう》は、「王侯将相いずくんぞ種あらんや」（国王、大名、宰相、将軍もわれわれも同じ人間なのである）といって同志を募り進撃を続け、たちまち数万の兵の将になり自ら張楚王と称したという。

陳勝は貧しい小作人に過ぎなかった。ある日のこと耕す手を止めて畦《あぜ》にのぼり、秦の虐政を怨み自分のふがいなさを嘆いていたが、雇い主にむかって「私が出世しても、あなたのことは忘れずにいます」と言った。

これを聞いた雇い主は、「お前はオレに雇われて田を耕している身分、なんで富貴になれるんだ」と笑った。

陳勝は「燕雀《えんじゃく》いずくんぞ鴻鵠《こうこく》の志を知らんや」（雀や燕のような小さな鳥には、鸛《こうのとり》や白鳥のような大きな鳥の心がわかるものか）と大きな溜息をついた。その志を失わずに、「誰が何と言おうと一人でもやって見せるぞ」の気概を示したから、人々がこぞって参加したのである。

韓非子にある文句ではないが、「自ら恃《たの》みて人を恃むこと無かれ」の心で人々に当たったから、人々は陣勝を恃《たの》む気になったのではないか。

私は何かに頼みたくても頼みようがなかったということこそ、幸福な人生のもとと考えているわけである。

三 厳しさに挑戦

味方の困難を奪い去れ

すでに記したように「厳しさに挑戦せよ」とは、私が二十才のとき「生涯信条」として定めた一ヶ条であるが、会社再建に当たってもこれに従った。

危地を脱出するには最も困難なことに挑戦せよ、手近なことから、できることから始めるというような軽い考えでは、難事は難事を重ね、遂には断念せざるを得なくなると考えた。

ときあたかも第一次石油ショックがおこり一刻の躊躇《ちゅうちょ》を許さない状況であった。
そこで「五ヶ年ゼロ・一・二・三計画」を立てることになる。
ゼロとは五年で無借金とする
一とは、二部上場を一部上場会社にする
二は、無配当から二割配当する
三は、社員ボーナスを年三回支給する
と発表した。まわりは夢物語とあきれたが、まずは最難関である無借金計画に体当たりすることにしたわけである。
孫子の兵法では「まず敵の愛するところを奪え」とある。すなわち戦いに勝つためには、敵の最も大事にしているものを奪ってしまえという意味である。
私はこの文句を読み替えて「まず味方の困難を奪い去れ」と考えた。
会社に困難を強いているものは第一は借金過多であった。
そして第二の負担は人件費であった。会社全盛時代に増加した社員、しかもインフレ時代に累増した高賃金はオイルショックで加速され、そこに不況要因が重なり、第二の重圧として経営を著しく圧迫するにいたった。

しかし私は、これらの重圧を社員の犠牲において退けることは絶対避けるべきであると考えていたため、まず第一の重圧である借金返済に的をしぼったわけである。

しかし、人件費の圧迫は重く、再建のためには避けて通ることはできない。人員整理をするだけなら誰にでも思いつくことで、私はここでも困難に挑戦しつづけた。

その結果、思い切った分社経営に踏み切ったのであった。

なにしろ営業部門を中心に、従来からの二、三の子会社を含め約四十社の子会社を二年間で設立し、本社の約六十%を子会社に移した。そのため本社の人件費負担は比例して大幅に軽減されることになった。貧乏育ちの知恵が生み出した減量策というより口減らし対策であった。

そのむかし貧困時代では、貧乏人の子沢山の家では義務教育を終えると農家の作男や子守り奉公に出すことが当たり前だった。それだけ一家の食料が少なくてすむことになる。

もちろん現代は贅沢に慣れて、奉公に出すことを容易に認める時代ではない。しかし会社の危地脱出のためには最も困難な事柄に正面からぶつかるしかないと覚悟してことに当たったわけである。分社化は、後に社員の活性化という願ってもない成果を引き出すことにつながるのだが、そのへんの具体的なことは別に記すことにしたい。こうして社員には一人の犠牲者も出すことはなく、本社の借金返済力を強めることとなったのである。

返済の資源を何に求めるか

借金返済は確実だが、収入は不確実である。

不確実なことを確実と考えれば、結果は不確実となるおそれがある。

返済を計画期限内に終えるためには「確実」に頼るにしくはない。

そういうことで、返済資源は不確実な売上増やその他の収益増に頼ることなく、借金返済という支出減に重点をおき、収入増による返済資源はプラスアルファ程度に考えることにした。

そのため、生産部門の原材料費、外注費などの流動支出については前年同期を上廻らないこととした。現場から血相を変えて「生産高が増えなくてもよいのか」と詰め寄られたが、「よい」と答えておいた。

さらに、追加予算は一切認めず、予備費は設けず、固定費、変動費区別も撤廃するなどで支出減を徹底した。

むかし中国元の宰相耶律楚材《やりつそざい》は「一利を興《おこ》すは一害を除くに若《し》かず」（なにごとも一つの利益あることから始めるよりも、一つの害を除くことから始めた方がよい）とのべているが、借金返済には、「収入を興すは支出を抑えるにしかず」を徹底したわけである。

さらに財務を担当する経理部長の権限はあってないようなものであったが、明確な権限を与え、責任の自覚を促すことに努めた。そうすると従来は生産販売部門の後始末係くらいの存在でしかなかったものが、原材料・製品在庫の圧縮、はては売掛金の早期回収など、返済に直接役立つための会議まで開くに至った。これらは、借金返済のため見合い預金を減らしてはならないという厳しい指示に従うための努力の現れといえるだろう。

当時私は「財務・人事は一般管理部門という意識を取り去れ、第一線の生産部門の自覚を持て」と言ったことがある。

そのころは高金利時代で、実質金利は年七％か八％になっていた。一年間で一億円返済しても年に七、八百万円の金利負担が軽減される。この軽減利益は、工賃も材料費も使わないで稼ぐカネである。しかもこの軽減分は元金返済に当てられるから、軽減額に利息までつくことになる。

膨大な借金の山がどんどん減ってくるのを喜んで、自宅に帰っても「人生の楽しみは借金返済にあり」と言ってしまい、「あなたはどうしてそんなに味気がないのか」と女房にかみつかれたことがあったが、じっさいのところ借金残高が減っていくほど楽しみなことはないものである。

出た利益を誰に与えるか

ゼロ・一・二・三の旗印を掲げて出発した五ヶ年計画の翌年、はやくも黒字決算の見通しになったが、この会社にとっての黒字決算は、ほんとうにしばらくぶりのことであった。

久しぶりの黒字の使いみちは、経営の常道からすれば当然に、喰いつぶしている積立金の穴埋めに当てるべきだし、正確に見れば不良資産の償却に当てるべきであったし、役員の報酬二割削減も解消しなければならなかった。

しかし私は社員の生気を取り戻し、「精気」に換えることこそ先決と考えた。

そこで斉《せい》の管仲《かんちゅう》の先例にならって、利益を社員に分配することを社長に進言したところ大賛成を得た。

管仲の先例とは、こういうことである。

中国の春秋時代に全土制覇の国王は五人いたとされているが、その五覇《は》の筆頭といわれている斉の桓《かん》公に仕えた名宰相に管仲《かんちゅう》がいる。

この管仲があるとき、主君桓公にこう進言した。

「昨年の税収入は四万二千金に達します。それを兵士への賞金として一日のうちに使ってしまって下さい。ただしこの賞金は、事前に戦功を約束した者だけに与えて下さい」と。そして管仲は、桓公の承諾を得るや全軍を広場に集会させた。

公を中央の壇上に、その左右に高官を並べて、管仲は全軍に呼びかけた。

「いずれ戦いの日も来るであろう。そのとき敵陣を陥《おとしい》れ、敵の部隊を打ち破ろうという者はいないか。褒賞として金百金をいまこの場で与えるぞ」と告げた。

管仲の真意を解しかねていた兵士も、管仲のくり返しの呼びかけに、ややあって「何名ぐらいの部隊か」と質問する者が現れた。「千人だ」「それなら自分がやってみせます」と応ずる兵士が現れたので即座に百金を手渡した。

次いで、「兵刃をかいくぐって敵の指揮官を殺してやろうという人間はおらんか。百金を与えるぞ」、「何人ぐらいの指揮官ですか」、「五千人ほどだ」、「それなら私がやります」。これにもその場で百金を与えた。

さらに次いで「敵の司令部を探り、司令官の首をとろうとする者はいないか。即時千金の賞金を与える」。すると何人もの兵が名乗り出た。管仲はそれぞれに千金を与えた。この他、敵兵の首をとりますと言った兵士には十金ずつを与えた。

こうして四万二千金の大金はアッという間に消えてしまった。桓公も重臣たちも、戦功をあげてもいないのに与えてしまっていいのか気が気ではない。

管仲はこう説明した。

「ご心配は無用です。賞金を得た兵士たちは、出陣するまで郷里に帰り、人々からもてはやされ、親に孝行し妻子をよろこばせるでしょう。そうなれば、いざ戦争となり戦場に出ると名誉を守り、恩恵に報いるために死を賭して戦うでしょう。逃げるなどという考えは全く起きることはなくなりましょう。将来に兵を挙げたとき彼等の働きによって敵を破り、領土を得ることができれば、その価値は四万二千金どころではありません」と。

後日桓公が兵を挙げて萊《らい》を攻め萊軍と対したとき、斉軍の志気の高さに驚き、相手の力もわからないうちに遁走して、桓公は戦わずして萊の領土を併合し敵将を捕虜にしてしまった。戦わなくてもすんだため、封地《ほうち》も賞金も将兵に与える必要はなかった。すべて賞金前渡しの成果である。

さて利益を分配するために、具体的には定例の半期賞与とは別に平均〇・五ヶ月分を別封筒にいれて、各部門各子会社の業績配分として戻した。

業績の良好な部門と悪い部門ではっきりと差をつけ、優秀な部門は三ヶ月相当ほど上積みされたが、その分削られた部門からは別に不満も出なかった。利益が出るようになれば、もう潰れることはあるまいという安堵感のほうが優ったからであったろう。

当日ボーナスの入った二つの袋を手にして悦《よろこ》んでいる若い社員を見て、この悦びは必ず他の目標を達成するための力となるだろうと考えたものである。

結果として、五ヶ年ゼロ・一・二・三計画の目標のひとつであった、ボーナスを一年に三回支給するという「三」を二年目に実現させてしまったのである。

実際このわずかなボーナスが、社員を精気づけ会社の不振を吹き飛ばす起爆剤になっていく。管仲の賞金前渡しの先例はここで活きることになったわけだ。

社員を悦ばすためのカネがなかったから分社経営にしたときに、子会社にまわった社員の一割に取締役の地位を与えて結果的に悦ばれ、再建後の最初の利益を三回目のボーナスとして支給し、また悦ばれることになった。

経営とは関係する人々を悦ばせることにありと実感したものである。

第二章　志気を奮い立たす

一　危機感と意欲

大舟から小舟に移す

危機に直面して安易に構えている人間が多ければその危機は現実となって現れるだろう。また、危機に直面して脱出をあきらめるような人間が多ければ、時至らずとも自滅に追い込まれることになる。さらに、何とかしてもらえると考える者が多ければ、何ともならなくなる。

こうした中で少数であっても、たった一人であっても、よし俺がやるという勇者が現れると、あきらめムードに覆われていた者たちも立ち上がるにちがいない。誰にしても危地から脱出したい心が一致するからである

むかしフランスが敵に攻められ、パリが占領されようとしたとき、ジャンヌ・ダルクという一人の女性が白馬に乗って敵陣に乗り入れ敵を撤退させたという。一人の女性に多数の敵を追い払う力はなかろう。勇敢な女性に多数の味方が呼応して力を合わせたから可能になっ

たのではなかろうか。

再建会社に入社当時は、会社全体がまさに危地にあえいでいる状態であり、そこに働く人たちの志気も地に墜ち、歩く様子さえ力なく感じられたものであった。この会社は、規模が数百人の頃は順調に発展してきたのに、一千人を越す頃から大企業病にかかり傾きはじめている。一千人もの社員の志気が衰えれば会社の業績のさらなる低下は必至、再建不能ということになる。

実際のところトップの命令を真剣に聞くわけでもなし、規則を忠実に守るではなし、商品の納期に遅れようが、故障しようが精を出して取りくむではなし、ということで手の打ちようもないようなていたらく。

この墜ちるに墜ちた志気を高めるにはどうすべきか。権力者が号令をかけても聞かず、鐘や太鼓を叩いても動こうともしない場合、自分であったら、どうするだろうと考えた。

そのとき「呉越同舟《ごえつどうしゅう》」という言葉が頭に浮かんできた。

そうだ、自然に立ち上がらなければならない状態に追い込めばよい。誰からも促《うなが》されずとも、自発的に立ち上がるようにするという至極当然なことに気づいたわけだ。

呉越同舟は、有名な孫子の兵法に出てくる話だ。

呉と越の国は春秋時代に長年にわたって争っていたため、お互いの国民同士も仲が悪かった。ところが、たまたま同じ舟に呉人と越人が乗り合わせていたときに突風が吹きつけて舟が沈みそうになった。すると仲の悪かった呉人と越人は、まるで同じ人の左右の手のよう互いに助け合ったという。つまり敵同士、仲の悪い者同士が、危地に臨んで互いに協力することを指している。

とすれば、もともと仲たがいの社員同士ではない、憂いを共にしている同志である。彼らを小さな同じ舟にのせ、激流の川を渡らせてはどうかということに気づいた。そこで販売店を中心に四十の独立会社に分け、これを呉越同舟にならって一舟一社としたわけである。

大舟を小舟にし、それまでよそ事のように感じていた危機を、一人一人に感じてもらえば、己を捨て、私利を捨て、一層の協力が得られる。

四十人の代表取締役

分社すれば頼れるのは少人数の自分たちだけになり、大組織にいたときの依存心、責任回避は許されない。自分だけ困難を避けようとしても、少人数ではそのまま自分に跳ね返ってくる。全員一致して力を出さなければ、舟はひっくり返ってしまう。

ひとつの会社の販売組織を四十の小会社に細分化するわけであるから、対外的な競争力からみれば常識的には強化どころか弱体化の危険がある。内外の強敵に対して是か非か悩んだが、「呉越同舟」の故事が私に分社を決断させることとなった。

そこで子会社への資本金は全額本社出資とし、会社の組織、財務すべて販売店当時のままとしたが、かくれた不良資産は本社負担とし、新独立会社はすべて清潔な体質の出発となった。業務、財務等すべて子会社の運営に委せ、計上した利益も本社出資に対する配当として二十％支払い、残余はすべて子会社の所有とするということにした。その上で、係長は子会社の取締役に、課長待遇の店長を代表取締役に昇格させた。同時に四十人の代表取締役が生まれたわけである。

一千人の社員の中には、分社化に反対だという人間もいる。

「私は地位など欲しくもない。好きな仕事ができればよい」と格好の良いことを言っているが実は「責任を負わされるのはまっぴら、給料だけくれればよい」と言っているのと同じ。

こういう連中に「全社一丸となって危機を突破しよう」と呼びかけても「やりたい人だけでやればよい」と言うに違いない。

そこで「やりたい人だけでやれば」と言うような社員を頼りにしていては、分社化も軌道に乗らないので本社にひきとった。

こうして四十艘《そう》の小さな舟が一斉に走り出した。

分社同士で競い合う

分社の社員からすれば、すべて文句なしの独立であったが、一つだけ厳しいことがあった。それは、いかなる理由であっても本社が救援することはないと宣言したことだろう。行き詰まれば兄弟会社に吸収合併されるか、倒産する以外にない。一舟一社、精気に欠ける人間も立ち上がって舟の安泰に協力しなければならなくなる。

分社のトップは、店長から代表取締役と肩書が変わると、経営者としての自覚をもつようになり、責任も進んでとるようになる。経理や財務の勉強をする者もでてくれば、経費節減を率先してやる者もでる。資金調達のために金融機関と交渉をすれば、予算や決算にもあたることになる。最初の一年ほどは、不慣れな仕事にミスがないようにと、本社のそれぞれの担当が指導にあたったが、多くはほぼ一年で卒業している。

当時の本社は労働組合の活動も激しく、「赤旗会社」の異名までつけられていた。分社した当初も組合活動は表向き盛んなようであったが、いざストに入ると分社の社員は組合の腕章を外して会社の業務に励んでいる。まさにスト破りであるが、批判も恐れずスト破りしていることは、すでに自分の会社に忠実になっている証拠とみた。

一舟内の協力は期せず実現したが、同時に子会社同士で猛烈な競争が展開されるにいたった。年間業績の順位争いである。私が競争を強いたことはなかったが、人間の競争本能が自然に刺激されたからであろう。

たとえば年間売上目標にしても独立前は本社が指示し、店長が渋々これに従っていたようであったが、独立後は本社の目標額など問題にしていない。兄弟会社に追いつき追い越すための目標になった。別項でのべた期末ボーナスは、独立会社の業績によって明確に格差をつけたが、それ以上に、他の独立会社に負けてたまるかという競争心が、一舟一社の社員の意欲に火をつけたのである。

二　退路を断って

背水の陣

「背水の陣」は孫子の兵法にある戦術であるが、これを実践して名を成したのが西漢の韓信である。

韓信が命を受けて趙《ちょう》の国を攻めたときである。韓信は一万の兵をもって二十万の趙軍を攻めたのであるが、一万対二十万では戦いにもならないほどの劣勢である。

そこで韓信は二千の兵に漢の赤旗をそれぞれ持たせ、こう命令した。

「明日の戦闘で、わが本隊は趙の砦の正面から攻撃するが、頃合を見計らい偽って退去する。敵は必ず追撃し砦は無人になるだろう。そこを占領して赤旗を立てよ」。

翌日韓信は計画通り、偽って退却し綿曼水《めんまんすい》という川を背にして陣を敷いた。

敵軍はこれを見て、兵法を知らぬもの一蹴してくれんとばかり追撃してきた。韓信の兵は激流を後にしては、退却は死があるのみ、生きるためには敵を破る以外にない。死にもの狂いで反撃したため趙軍はその勢いを避けるため砦に戻ろうとした。しかし砦にはすでに赤旗が林立している。これを目にして趙軍は逃走し漢の勝利となった。

戦い終わった後に祝宴を開いたとき武将たちが韓信にたずねた。

「兵法には、山を背にして陣すとありますが、今日は水を背にして勝っていますがこれはどういうわけですか」

「別の兵法に、己を死地におとし入れて後に生きるとある。つまり味方を絶体絶命の地に追い込んで生きるというもので、今日はそれを応用しただけだ」

「わが軍は敵の二十分の一の劣勢、しかも連戦連戦で兵も減り補強兵が多い。死を免れるような陣地においたら死を怖れて戦う者もなくなってしまうだろう」と。

さて私が関係していた会社にしても、不安、不平を抱いている者は多かったが、やる気をもって働こうとする者は少なかった。これを一舟一社にすれば、もし一人でもやる気を欠いていたら全員が倒産の憂き目を見ることになる。

当時私は、子会社のひとつへ激励に行き、韓信の背水の陣の話をした後で、

「韓信は赤旗を立てて趙軍を破っているが、この会社も赤旗を立てても絶対に白旗（降服

の印）を掲げてくれるな」とのべたものである。

志気まさに天をつく

ある子会社の独立祝いのとき「この会社の社旗をZ旗にしてはどうですか」と言ったことがある。そのわけをこう説明した。

日露戦争のとき、世界最強を誇ったバルチック艦隊が日本海に現れ、これを迎え撃った連合艦隊司令長官東郷平八郎大将が旗艦三笠に掲げたのがこの旗で「皇国の興廃この一戦にあり各員一層奮励努力せよ」の意である。

それと同じころ、大本営へ打った電報が、有名な「敵艦見ゆの報に接し、連合艦隊は直ちに出動これを撃滅せんとす。本日天気晴朗なれども波高し」というもので、わが軍の志気まさに天突くの勢を示している。

こうした各員の志気が一丸となって敵の不沈戦艦を沈めている。鉄のかたまりだけでは船は沈まないが人の心が火の玉となれば大型船でも沈めることができるものだ、と。この時のパーティでは、その地の名産焼酎で乾杯したので、自分が火の玉のように焼き上がった記憶がある。

さらに、ある子会社の激励会では、全社員に対してこう話した。

皆さんは「敗軍の将、兵を語らず」という言葉を知っているだろう。「兵」とは兵略のことだが、戦いに負けた大将がいまさら戦い方を説明してもはじまらない、つまり失敗した人はそのことについて意見を述べる資格がないという意味だ。

今回当社は分社して独立会社がたくさんできたが、これからは年間の業績によって独立会社の順位を決めることにし、昇格、昇給、ボーナスにも格差ができることになる。独立会社の責任者の集りの席順も業績一位から並べる。会議での発言も業績順、時間制約もあるので業績下位の社長は発言の機会がなくなるだろう。「敗軍の将、兵を語らずではなく、敗軍の将には兵を語らせず」ということになる。そこで皆さんに言いたいことは、皆さんの将である社長に、兵を一番先に語る機会を与えてもらいたいということだ。

また、万一皆さんが、社長を気に入らず追放したいと思うなら協力一致して業績を大きく高めることである。高めれば社長はたちまち本社から移転命令が出ることになっていると話した。高業績をあげた社長はさらに規模の大きな子会社へ栄転することにしてある。これを逆に追放と言ったので一同笑い出したものだ。

そのあとの懇談会で「敗軍の将、兵を語らず」のいわれを聞かれたので説明した。背水の陣で趙《ちょう》が敗れたことにふれたが、この時の趙の智将は李左車《りさしゃ》（広武君《こうぶくん》）であった。李左車の作戦が用いられなかったために趙は敗れたともいえるが、李将軍は捕えられ韓信の前に伏した。韓信は惜しむべき将軍として味方に迎えようと思い、李左車に礼をつくし改めて聞いた。

「これから北の燕《えん》を伐ち、次いで東の斉を攻めようと思いますがどのような作戦で臨んだらよいでしょうか」。

李左車がこれに答えて「敗軍の将は武勇や兵略について語ってはならない、国を亡ぼした役人は一国の存続について意見を言ってはならないと聞き及んでおります。いま私は戦いに敗れて捕われの身になっており、どうして大事なことに意見が言えましょう」と。史記にでてくる話である。

これに対し韓信は「いや今回趙《ちょう》が敗れたのは貴公の策を用いなかったからです。もし用いられていたなら、私が貴公に捕われていたでしょう」と言った。韓信の熱意はついに李左車《りさしゃ》を動かし、燕《えん》、斉《せい》討伐の策を受け、韓信はそれに従って目的を果たしたという。これが「敗軍の将、兵を語らず」のいわれだが、現代の経営でも、業績不振者の言いわけや、泣き言は聞くに及ばないところだ。

騎虎《きこ》の勢い

再建会社に入社した直後のことである。有力取引銀行から取引中止を宣告され、頼みとする主力銀行からは「ここまで来てしまっては倒産して出直す以外なかろう」とまで言われたことは先にもふれた。

しかし、これを社内で口外するわけにはいかない。たちまち動揺が高まり混乱に陥ることになるだろう。すでに、退職届を郵送してきて他の会社へ移った社員もあれば、退職を思いとどまるよう説得中の者もいる。このごろのような不況であれば再就職の道も狭いため逃げ出す者もないが、当時は好況のため再就職は思いのままであった。

また、社員の中には自社所有株を手放す者もあるが市場へ出しても買い手がない、端株で市場へ出せない者もある。株式担当係のもとへ処分を依頼している者も相次いでいる。すでに社内はこうした状態であったから、銀行取引の中止は自分の一存にしておかなければならなかった。

カネに窮して給料の遅配も二、三度あったし、ボーナス交渉の引き延ばしを計ったこともあった。交渉が妥結しても支払う金が間に合わなかったからだ。さて、これからどうすべきか、早急に対策を講じなければならない。

翌日開かれた幹部の集まりで、私はこう発言した。

「会社が容易ならぬ事態に立ち至っていることは承知のことと思う。この際思い切った決断のもとに危地脱出を計らなければならない。その対策の前提として、現在まで退職者が相次ぎ徹夜で引き留めを行っているようだが、今日から一切それを中止してもらいたい。三年間で社員を十二%減らす、退職勧告などは一切しない。自然退職者を補完しなければ達成できる。

退職届が出たらその場で受理し、人事部長は直ちに処理してもらいたい。去る人間を追って経営はできない。

次に社員株主のなかには売却希望者が続出しているというが、社員の持ち株に限り私が全き取る。

部買い受ける。株券の譲渡証に譲渡税相当の印紙を貼ってあれば、前日の引け値で現金で引

さらに、年間の総支出は前年以下に抑える。

これが、危地脱出の対策である、よろしく協力を」と。

その場の幹部たちは、主力銀行からきた私が何とかするという気分が残っているためか、不平不満の色が濃い。「人を減らし、支出を減らせば、生産・販売も減り、利益も減って却って苦しくなるのではないか」という、もっともらしい抵抗も出た。

私はこう答えた。「当社に限って、生産、販売が減っても利益は絶対に落ちないことになっているから心配しないでもらいたい」「うちの会社は現在欠損状態だから利益が減るという心配は無用なのだ」と理屈にもならない返事をしておいた。

この期に及んで「利益が減る」とはあまりに他人事ではないか。いまは「何としても出血を止める」ことだ。それなのに昔の栄華の夢でもみているのか、幹部一同の顔に「縮小均衡には納得しかねる」という気持ちが窺われた。

そこで、こう付け加えた。

「皆さんは騎虎《きこ》の勢い下るを得ず」という故事を知っているだろうか。

中国のむかし隋《ずい》という国があった。隋の前身は北周といっていたが、この国は独立国家でありながら異民族に支配されていた。これを嘆いた楊堅《ようけん》という宰相は、なんとか漢民族の天下にしようと、宣帝《せんてい》がなくなったとき幼帝から位を譲り受け、自ら文帝と称し、異民族から権力を取り戻すために八方画策していた。これを励ましたのが妻の独孤《どくこ》皇后、文帝に人をやってこう言わせた。

「大事すでに然《しか》り。騎虎《きこ》の勢い、下るを得ず。之《これ》を勉《つと》めよ」。

大事を遂げようとすでに乗り出したことは、ちょうど一日千里を走るどう猛な虎に跨《また》がったのと同じです。途中で降りたら虎に食い殺されてしまいます。最後までやり遂げねばなりません、と。いったんやりだしたことは途中で止めるなということだ。

余談だが、この皇后のもとに八百万金もする宝石を異民族が売り込みにきたとき、これだけのカネがあるなら夫と共に闘っている兵たちの賞金として使うだろうといって断ったという。しっかり女房からの叱咤激励《しったげきれい》である。

いま私はこの会社の再建を期そうとしているが、ここに示した私の提案に対し、いかなる妥協も変更にも応じる考えはない。この会社の再建に乗り出したことは一日千里の虎に乗ったと同じ、目的達成するまで絶対に降りることはないと断言した。

志を自刃に降ろさず

ところが、これに対し予想外のところから反対が出た。

最も強かったのは、私の社内株の買い受けについての反対である。

社員の株を次々に買い取ったわけだが、将来の不安から端株まで売り急いでいる。当時額面五百円の株が市場相場は一株千二百円程度だったと思う。みんなの前で言った以上、社員が売りたいという株はすべて相場金額で引き取った。最初のうちは預金を取り崩して払ったが預金も底を突き、銀行時代の所有株を売って賄った。

さらに株価の下支えのために証券市場から一万株ほど会社株を買い、銀行へ引き取ってもらうために持ち込んだところ、無配株は買えないということでこれも銀行株担保で借金して私が引き取ることになった。

銀行筋からは「先の見えている会社の株を借金してまで買うことはない。深入りしないでくれ」と助言される始末であった。銀行の先輩である私を心配するもので心嬉しく思ったが、放った矢を止めることはできない。

女房の反対も相当なもの。なにしろ私が保有していた証券といえば大部分が勤めていた銀行の株式で優良株。当時の銀行株は資産株といわれ一株の額面五十円ながら二千円程度の高値で売れたが、その大部分が再建会社の株と入れ替わってしまったわけである。家の大蔵大臣として心配するのが当然。

しかし「男が会社再建に取り組むことは一命を賭けたも同然、財産を賭けるぐらいは当然だ」と強がりを言っていたが、内心では一抹の不安がなかったわけでもない。そのころよく私が口ずさんでいた演歌は人生劇場の「やると思えばどこまでやるさ、これが男の魂じゃないか、義理がすたればこの世は闇だ、なまじとめるな夜の雨」(作詞佐藤惣之助　音楽著作権協会)であった。

こうして猛虎に乗ったわけだが、翌年はオイルショックにみまわれ自然退職者は皆無。物価は上がるが販売は不振。このままでは虎に食われるどころか、降りる前に不況、欠損に倒されることになる状況を迎えた。そこで対策として考えついたのが別項でのべた分社経営であったわけである。

四年後、再建を果たしたとき幹部の一人が「副社長、虎に食われなくてよかったですね」と言ってくれた。

「二度と虎に乗せないでくれ」と答えたが、食われずに済んだのは、自分一人だけで虎に乗ったわけではなく組織ぐるみ虎に乗ったおかげだ、と言っておいた。

三国志に出てくる魏《ぎ》の曹操《そうそう》は「其の志有れば必ず其事成る。蓋《けだ》し烈士の従うところなり」（志気があるならば事業は必ず成就《じょうじゅ》する。このことは思想堅固な男が犠牲を惜しまず信奉するところである）と言っている。

企業などにしても上に立つ者の志が変わったり、ぐらついたりということでは従う人の心も堅固になることはない。いったんこうと決めたら梃子《てこ》でも動かぬことだ。

同じ三国志に「志を自刃《じじん》に降ろさず」（自刃を突きつけられても志を変えない）という言葉があるが、このくらいの強固な志をもたなければ、従う人たちの足並を力強く揃えることはできないものである。

予備費を許さず

余計なことのようだが私の体験の一つを加えておきたい。

再建会社に在職中の私に対する別名は、ケチ、ワカラズヤ、ガンコオヤジ、ハゲ、シミッタレなどであったろう。

もっぱら赤旗を立てるために出勤しているような連中から出たものだろうが、別名のいわれは、理屈に合わないカネは、たとえ僅かであってもビタ一文出さなかったからではないかと思う。

こういうこともあった。

いずこの会社も同じだが、事業計画として収支計画書を作成するが、多くは、この中に「予備費」なる項目を設け、さらには「追加予算」の含みを加えているようである。私はこれを断固として許さなかった。

当時は高度成長時代で年々物価も上昇したため、交通、通信などの公共料金も毎年のように引き上げられた。鉄道料金、電話料金が大幅に引き上げられた年のことである。会社の各部門に割り当てた支出予算が不足することになる。さっそく各部門の代表として三人の部長たちが予算の追加交渉にきた。

それに対して私はこう言った。

「公共料金が値上がりすればそれだけ会社の負担が重くなるが、その分を政府が負担してくれるのか。また、高くなった公共料金をカバーしてくれるだけの収益が見込めるのか」

それに対しいずれの返事も「ノー」。

「それでは追加予算を認める理由はないではないか」

「そうなると社員が出張することも、電話をかけることもできなくなりますが、それでもいいんですか」と開き直る一人に、

「そう、予算がなくなったら何もしなくてもよい」と言い切った。

三人はさらに迫って「副社長はいつも人間社会に不可能はないと言っているが、予算の追加は不可能なんですか」と食い下がってきた。

「将来は可能だが現在は不可能ということもある」

「たとえば、どういうことですか」

「たとえば私が四国の高知へ行って、はりまや橋でカンザシを買うことはできるが、その

場で私のハゲ頭にさすことは不可能だ。しかし将来黒髪になればさせるようになる」。黒髪を会社の黒字経営にたとえたつもりであったが果たして理解できたかどうか。

こうも付け加えた。私の自宅の床の間の掛軸は、鎌倉の円覚寺の高僧朝比奈宗源師の直筆で特別に描いていただいたものだが、それには、

「竹密なりといえども流水の過ぐるを妨げず、山高きといえどもあに白雲の飛ぶを妨げ得んや」と書いてあるが、流水の過ぐるを妨げずの下に、「何を以て妨げん、何を以て補わん」と加えて読むことにしているわけだ。公共料金で支出増になったら、それをどう補うかを考えるのが管理職の責任というもの。さしずめ部員を五人ぐらい減員したら補いはつくだろうと言って突っぱねた。

この結果はどうであったか。当初の予算内でちゃんと納まったし、出張も架電も支障なく行われた。

「カネが足らなくなったら汗を出せ、汗も出なくなったら知恵を出せ」と言った人がいるが、私の体験から「貧すれば知恵が出る」と考えている。

三　みずから陣頭に立てば

エリート意識が不良品を作り出す

かつて私はある機械メーカーの再建に協力したことがある。創業十年にして東京証券取引所へ上場したときの株価は、一、二部通じて最上位にあったほどの優良会社が、なぜ落ち込んでしまったのか。

財務諸表を見て、辻褄《つじつま》の合わないことに気づいた。最もおかしかったのは、売上高に対してあまりに借入金が多すぎる点であった。また生産高、売上高に対して商品在庫があまりにも多く商品回転率も悪い。

つまり売れない在庫が急激に増え、それを借金で手当しているから当然収益に影響している。しかも過大在庫は単に造りすぎというだけでなく、不良品も多いらしい。帳簿上れっきとした財産となっている商品在庫の中味が問題だが、記帳と計算きり能のない私には精密機械の良否はわからない。

なぜ在庫のなかに不良品が山積されるようになったのか、以前と同じ人たちが造っているのに今になって不良品続出とは、何とも理解しかねる。

ほどなくして、その理由がわかった。二、三人の社員と雑談したときである。私が「この会社にいろいろな文化部があるようだが、民謡サークルや演歌部でもつくって、時に気分転換するのもいいことではないか」と言ったところ、

「とんでもないこと、われわれは人体を守る貴重な機械を造っている。そこらにいる演歌好きのミーチャン、ハーチャンとは違います」といかにも自尊心を傷つけられたかのような返事。なるほど、この思い上がりにすべての源があるに違いない。そこで私は、こう言っておいた。

「物を造って売る、という点では、大福もち製造販売会社と同じではないか、大福もちも人体を守る役目を立派に果たしているではないか」と。

社員は不可解な顔をして、私の真意を測りかねているようだ。

人間のできが違う、われわれは別格の人種と思い上がってしまった気風が、不良品を造り出す原因、言い換えれば心の病が不良品を造り出しているのである。

組織の末端にまで染み込んだこの有害なエリート意識を取り去るには、どうすべきか。要は、まず上に立つ人たちが、己のそれを完全に取り去ればよいのである。

身をもって教える者には従う

幹部役員の会議で、「会社再建の第一歩は、借金漸減方針を貫くことである。借金のもとは不良在庫にある。この際、生産部を中心に、不良撲滅に集中してはどうか」と提案した。

ところが、反論続出である。生産に不良品はつきもの、少々のことは見のがしてもらいたいという人がいる。忙しくて手が廻らないという人もいる。不良といっても解体すれば部品が使えると、理屈にもならない理屈を並べたてている。

もっとも頭にきたのは「不良品を良品に変えるための担当部署を別に設ければよい」というものであった。不良品の責任は自分にはないということであろうが、出来そこないを修理するような技術者ではない、という思い上がりであった。

会議が終わって「皆さんはいま呑気なことを言っているが、この不良品は会社の命取りになる」と言った。しかしこの程度のことで連中が目醒めるとは思われない。そのとき、ふと頭に浮かんだのが、中国の史書「後漢書」にあった次の一句である。

「身を以《もっ》て教うる者は従い、言を以て教うる者は訟《あらそ》う」

いま自分は会議の席上、言葉で教えようとしたが、異論続出で成果も上げ得ずに引き下がることになってしまった。やはり身をもって納得させるしかないと考えた。といって銀行育ちの私に精密機械の良否がわかるはずもない。しかし倉庫の中にホコリだらけで放置されている在庫は、私のような素人でも不良品だと判断がつくはずだ。

そこで、商品のわかる幹部社員の案内で倉庫巡りを始めることにした。背広を作業着に替え、手拭いで頬被りにマスクという完全武装で三ヶ所ほどの倉庫の実態を調査して回った。するとあるわあるわ、倉庫は不良品の山であった。主体だけで部品のないもの、容体は揃っているが性能不良のもの等々いずれも会社の貴重な財産がほこりに覆われている。しかもこの不良品の山は、歴史を重ねたもののようであった。

今となっては倉庫調査に何日かけたか覚えていないが、たしか二日目だったと思う。本社倉庫から出ていくと、そこで私が元いた銀行の支店長とばったり出会った。

「あれ、どなたかと思えば、専務（銀行当時の役職）じゃないですか」

「作業服姿に手拭いで頬被り、どうみても工場の雑役夫ですよ。銀行時代はそばにも近づけなかったものですが」と、口ごもってしまった。

銀行時代は筆頭専務であったから、頭取の隣に座って幹部役員を見おろしていたような人間が、「何を好んでヤクザの用心棒」ではないが「何を好んで赤字会社の倉庫番」にまでなってしまったのか、と支店長も挨拶のしようがなかったのだろう。しかし、そのころの私は支店長の同情に甘んじていられるほどの余裕はなし、華やかだった前職に恋々としている気分にもなれなかった。

もともと百姓生まれで貧乏育ちの私にとって、倉庫の中で作業するのに便利な格好をしていただけのことなのだが、そのときは支店長に要らぬ気を使わせてしまったものだ。

さて主な倉庫を自分の足と目でチェックした後、幹部役員を前にこう言った。

「皆さんは技術の会社といって誇っているようだが、倉庫調査をして、なるほどよくわかった。在庫を実際にチェックすると、箱はあるが中身がない。これで性能を発揮するとは、さすがに技術に秀れた名人揃いだ。とりあえず倉庫の調査を終えたが、今度は倉庫の出荷係になりたいと思う。ついては箱だけの商品をどこへ出荷するのか教えてもらいたい」と。相当な皮肉と思ったに違いない。

担当者を集め、「過去の不良品の責任は一切問わないから、売れない商品は自発的に倉庫から工場の中庭に出してもらいたい。逐次償却していく。ただし、今後については責任を明らかにする」と話した。

さて中庭に出された第一回目の不良在庫の簿価が、何と一億円相当。「廃品業者がタダで引き取るのは悪いからと千円おいていきました」という報告を受けたが、いくばくもなく不良在庫はなくなり、借金の源もとうとう崩れてしまった。

ある会議の終了後、誰かが、ひと事のように「やれば出来るものですね」と不良在庫の山崩し談義をしている。そこで私は、前にもふれた「愚公山《ぐこう》を移す」の寓話を引用し、「精神一到何事かならざらんということばがあるが、もし皆さんが愚公のような心であったなら、不良在庫の山はとうの昔に崩されていたろう」と話した。

顔のホコリは心の誇り

銀行時代の私は、運転手つきの高級乗用車で送り迎えされ、出勤すれば豪華な役員室で執務、雑用は秘書がいたれり尽くせりでやってくれていた。

いま思えば、当時の私にも、赤字メーカーの幹部役員の奢《おご》りをとやかくいえないような、思い上がりのきもちがあったのだろう。だから、作業服を着て手拭いで頬被りしてまで倉庫入りすることに若干のためらいがなかったといえば嘘になる。

しかし「過ちを改めざるこれを過ちという」という論語の一文を思い、夜学時代に学んだ漢文の教科書の「臥薪嘗胆《がしんしょうたん》」の故事を思いおこしたとき、顔のホコリは心の誇りに変わった。

中国春秋時代のことである。呉王夫差《ふさ》は、父が越を攻めたが越王勾践《こうせん》に破れ負傷して死んだ。そこで夫差は父の仇をわすれないために、毎夜薪《たきぎ》の上に寝てその痛みに耐えながら復讐を誓い、ついに勾践を破った。破れた勾践は命ごいをして国に帰り、自ら田畑を耕やし夫人は機を織り粗衣粗食に甘んじ、いつも苦い獣の胆《きも》を手許において嘗《な》めて苦さを味わいながら「この苦さわすれまいぞ」と恥をそそぐことを心に誓った。そしてついに夫差に勝って覇者になったと、十八史略にある。

この故事から「臥薪嘗胆」とは、先の成功を心に期して、長期間の苦労に耐えることのたとえに使われている。これに較べれば一銀行の役員にすぎない私が、作業服姿や顔を汚したホコリを恥と考えているとは思い上がりも甚《はなは》だしい、この奢《おご》りの心を拭い去らない限り、会社の最強の敵である不良品の整理は不可能になると思いいたった。

美空ひばりの「柔《やわら》」の歌ではないが、「勝つと思うな思えば負けよ、負けてもともと、この胸の奥に生きてる柔の夢が一生一度を一生一度を待っている」（作詞関沢新一　音楽著作権協会）の「柔の夢が」の部分を「会社再建の夢が」と読み替えてみると、顔のホコリも心の化粧水に変わってくるものだ。

会社団体にしても、トップが陣頭に立つとき外見を飾り、虚勢を張り、努力を誇示しても、敵を欺《あざむ》くことは出来るかもしれないが味方を欺くことはできないもの。

昔の戦争で「岩陰隊長」とからかわれた将校がいたと、ものの本にあった。みずからは銃弾に当たらないように岩にかくれて、部下には突撃命令を出したということだろうが、これではいずれ戦いに敗れて自分を全うすることはかなわない。

己を捨てる

聖人孔子の先輩格といわれた老子は「天は長く、地は久し。天地のよく長くかつ久しきゆえんのものは、その自ら生ぜざるを以《もっ》てなり、故《ゆえ》によく長生《ちょうせい》す。ここを以て聖人は、その身を後にしてしかも身は先んじ、その身を外《そと》にしてしかも身は存す。その私なきを以てにあらずや、故によくその私を成す」と言っている。

つまり、天地は何故永遠であるのか、天地は生きよう生きようと努力しないからだ。聖人もこれと同じく、人に先を譲ってかえって人から推されて人の先にたつことになる、わが身を忘れているために、かえってわが身を全うする。自己を没却するから、自己の確立ができる。自分を捨ててしまうから成功するという意味である。

かつて天皇陛下の誕生日を「天長節」、皇后陛下の誕生日を「地久節」といって祝日とされていたが、この言葉から引用したもので、唐の玄宗皇帝の誕生日を天長節としたことからといわれている。

老子の「私なき」とは、自分の名利にとらわれないというもので、この裏には自分に克つ、自分の邪念邪欲を一掃してしまうという心の強さがうかがえる。先に記した「勝つと思うな思えば負けよ」という歌の文句でないが、勝ち負け、損得など人間の心につきまとっている私欲を捨てるところに、自然に勝利の女神は訪れてくるという意味である。

浮沈の境にようやく息をしているような会社では、私利私欲を差し挟む余地などあるはずはないが、そこに至ってもトップが自分の財産保全などの私欲が先立つと、火事場泥棒の強欲もみせることになる。これでは焼かれた自分の骨だけが残ることになるだろう。

会社が火の車となっているときは、トップが身を推して消火にあたるべきだ。それがわが身をかばう心が潜んでいるようでは、消せる火も消すことはできなくなる。わが身を捨ててこそ立つ瀬を越える滅私奉公の堅い決意がなければ、難局を突破することはできないものである。

前記したように会社がピンチに陥っていたときである。二億円ほど資金が必要になり、担当部長の手に負えず私が交渉に行くことになった。

取引店へ行き、支店長に会ったら、支店では取り扱いかねるので本店融資部の管理課へ行ってくれという。管理課は要注意貸出先の窓口である。本店に出向くと、通知で知ったのか、かつて私の部下であった融資担当常務が待っていた。私が用件を話すと、担保不足でこれ以上の貸出は背任になるという。ここで拒絶されたら会社は赤旗に変えて白旗を立てなければならない。

「担保不足を補うため、この私を担保にとってくれ」と言ったところ、銀行は人間を担保にとることはできませんと。

「それもそうだろうな。銀行が担保をとれば保全の義務が生ずる。私を担保にとって金庫室へ入れておいてもいいが、完全に保全するためには晩酌二合つきだからな」と口から出てしまった。

「会社がここまできているのに、よくそんな冗談が言えますね」と言ったので、こう答えた。「今日この二億が借りられないと、今晩から晩酌にもありつけない」と。

どこか私の冗談の中に必死の相が出ていたのかもしれない。常務と担当部長が何やら話し合ったあとで「今回限りですよ」とただ一言いって常務は席を立ったが、その一言に私は何度も頭を下げた。

「私を担保に」とは、私名義の不動産を担保に入れようという意味であった。いくら冗談まじりでも、担当常務が、それを察しないはずがない。雇われ副社長が私財を差し出すという熱意を、銀行は担保としてくれたのではなかろうか。

第三章　部下に希望の火を灯せ

一　可能を信じさせよ

抜山蓋世《ばつざんがいせい》の気概

トップは部下の志気が衰えないようにいつも心掛けなければならない。そのためには、トップ自ら奮い立ち、部下の先頭に立って難局打開に当たる決意を示し、どんな窮地に陥っても、湿った顔をしたり発言をしないことだ。

「力《ちから》山を抜き、気は世を蓋《おお》う、時に利あらず騅《すい》進まず」（山を貫き世を覆いつくすような気概であったが、時が味方せずに愛馬さえ前に進まない）の文句は、今日では経営に行き詰まったときの状況をよく表している。

楚《そ》の項羽が漢の劉邦《りゅうほう》に破れ、しだいに追いつめられて、自分の領土の垓下《がいか》という村の城壁に逃げてたてこもった。兵力も食料も乏しくなって、漢の大軍勢が城壁を何重にも取り囲んでいる。冒頭の文句は、項羽が残った少数の臣と酒宴を開いたときに詠んだものである。「騅《すい》」とは、項羽の愛馬の名前だ。

その後で愛妾の虞美人《ぐびじん》は、こう和して舞っている。

「漢、すでに全土を略す四面楚歌の声、大王意気尽く、濺妾《せんしょう》何ぞ生を聊《やす》ぜん」と。

「楚の全土を漢が占領し、漢に降った楚の兵が一斉に楚の歌をうたっている。大王（項羽）も、すっかり戦意を失ってしまった。どうして私だけが生きながらえようと考えましょうや」という意味だが、危地を共にしてきた女性までが「大王意気尽きぬ」、と詠っているようでは、力山を抜く気力も失われてくる。

後に唐の詩人杜牧《とぼく》は、項羽が烏江《うこう》で自決したのを惜しんで「捲土重来《けんどちょうらい》、いまだ知るべからず」と詠んでいる。

すなわち大風が土けむりを巻き上げるように再び楚の地から敵に向かって巻き返し、天下を掌中に収めることもできたかもしれないのにと。それが大王意気尽きぬということでは杜牧の詩もムダ花となる。

ここで項羽を引き合いに出したのは、会社経営が行き詰まっても、最後まであきらめるべきではないということだ。抜山蓋世《ばつざんがいせい》の気概があるなら、それを行動に移すべきだということである。

企業経営で成功した人でも、順調に伸びつづけてきた経営者は少ないもので、何度かの窮地転落を体験している。そして僅かな光でも見い出して危地を脱し、次第に光を大きくし、捲土重来《けんどちょうらい》、疾風地を巻く勢いで大を成してきたのである。

ある経営者は「逆境を切り開き、これを次の飛躍の踏み台とすることのできる者が真の経営者である」と語っているが、七転八起の気骨をもち、これを実現していくトップが真の経営者といえるのである。

危地に陥ることは、いわば天の下す試練であって、これを乗り越える者にだけ、次の進路を示してくれると考えたい。

一灯、人の心を変える

トップが、暗闇の中に遠い一点の光でも見い出すことは、従う人にとっては万灯の光に写ってくる。トップが一灯を掲げて気概を示せば、従う者期せずして活眼を開くことになろう。ところが、トップが希望の光を見ようともせずに、浮かぬ顔、重い足どりであれば、従う者すべての生気さえ失われてくる。窮地に最も肝要なことはトップの心のありようなのである。

昔、こんな話を聞いたことがある。

ある大会社の専務は経営能力も人格も共に抜群で次の社長疑いなしと思われていた。

その専務が何百人かの新入社員の研修会で訓示した。

そのとき、新入社員に質問を求めたところ、「この会社の二十年後の姿はどうなるだろうか」という質問が出た。専務は「二十年もの先まで私はこの会社にいられないし、生きているかどうかもわからない」と答えた。ジョークのつもりだったのだろう。

しかし純真な新入社員には、経営責任者としてあまりに無関心、無責任な態度としか写らない。この話が次第に社内に広がるにつれて専務の人望はガタ落ちになり、社長にもなれず去っていったという。

上に立つ者の失言というものは、従う人たちには深刻に響くものなのである。

もしその専務が、二十年後の当社は洋々たるもので、諸君はその上昇気流に乗って、さらに高く飛翔し続けるに違いない、とでも答えれば、新入社員も大きく胸膨らませたに違いない。人を用いる立場の人間の一言が、希望に燃えている人たちの夢や期待を奪ってしまうのではお話にもならない。

これが逆に窮地に陥っても、自らが可能を信じ、従う者に希望を与え、生気をよみがえらせることこそ、トップの仕事なのである。人間というものは、失意の極にあるときに見い出す小さな光に、万灯にもまさる輝きを感ずるものである。

現職時代に私は大阪、高槻市在の株式会社ムネカタの創立者、宗形年闊《としかつ》さんと対談したことがある。

「創業間もなく経営に行き詰り、死を覚悟して遺書を七通書いた。今晩こそ淀川にとびこもうと考え、見納めのため工場をのぞいてみた。夜遅くほの暗い電灯の下で見習工が機械の修理をしている。そのとき自分が死んでしまえば、あの若い工員たちはどうなるだろう。自分だけが死んでしまうわけには行かないということに気づいた。その瞬間、ほの暗い電灯が明るく輝いてみえた。そのときの赤く輝く光を忘れないために、私のネクタイは万年赤です」

と語ってくれた。

宗形さんの赤ネクタイは、失意から希望に変えてくれた若い見習工への感謝でもあるだろうし、易《やす》きに居て危うきを忘れてはならないという自戒を意味しているかもしれない。今もムネカタは隆々発展しつづけているが、もし宗形さんが七通の遺書を役立てていたなら、今日の同社はなかったろう。

まさに「一灯、人の心を変える」、人の心は科学よりも奇なりともいえるものである。

二桁の法人税

やる気を出させるには、楽しい希望を抱かせることである。

卑近な例だが、学生が試験勉強に励むのも合格という希望があるからだ。スポーツ選手が練習に精を出すのも優勝への希望をもっているからで、そのために熱中している。一人一人の活力は合《がっ》して組織の活力となる。

孫子の兵法に「兵は多きを益とするに非《あら》ざるなり」という文句がある。戦いは将兵の数が多いからといって勝てるものではないとあるが、智力によって少数で勝つ場合もあるが、旺盛な活力をもって少数で破ることもできる。そのためには一人一人に安心や希望を与えることが大事だ。

しかし、危地に際して「うちの会社は大丈夫だと思う、何とかなるだろう」などと話すだけでは信ずる者はなかろう。あいまいなことをのべたのでは却って疑いを深める。

再建会社で、あるとき「入社した抱負を聞かせてくれ」と言われたことがあった。

ただ再建の実現というだけでは効果がなかろう、より具体的に示すことによって安心感を与える必要がある。そこで、

「入社の抱負といえるほどのものではないが、この会社が二桁の法人税を納めるようになったら、私の任務は一応終わりと考えている」と答えた。

「桁はいくらですか。万単位なら十万円。百万単位なら一千万円が二桁ですが」

「単位は億だ」

「それでは十億円の法人税ということになりますが、そのためには二十億円の利益が必要になります。いまうちの会社の資本金は五億円なんですよ」

「五億円の資本金で二十億円の利益を出してはならないという法律でもあるのか」

その社員は大ボラふきとでも思ったのであろう、「とんでもない人が舞い込んできた」というような顔をして返事もしないで部屋を出ていった。後でこんな批判も耳に入ってきた。「井原という男は、税金をできるだけ多く払おうと考えている」と。

希望を失い失意のどん底にある者は、絶望の中にも何とか心機一転の機会を求めて、一本の藁《わら》でもつかんで浮きつづけようと考えているものである。ここまで社員の志気が低下した原因は、業績がジリ貧化してきていつ倒産してもおかしくないという不安であると考えた。そこで抱負を聞かれて、「二桁法人税」と咄嗟《とっさ》に答えたのも、一日も早い黒字転換をいつも願っていたからだ。

利益が出ていないときには、税金のことなど考えもおよばないのだろう。しかしその後この会社の業績が回復するにつれ、二桁の法人税支払いは次第に現実味を帯びてくることになり、社員の希望の光となっていった。

法人税などというものは、会社発展の通行税のようなものだ。発展にしたがって多く納めれば納めるほど、会社に利益をもたらしていると考えるべきかもしれない。この利益とは、そこに働く人たちの将来への確かな安心感であり、将来の希望なのである。

私は、二桁法人税納入の見通しを得た年に、その会社を退いた。質問した社員との約束でもあり、自分との約束でもあると考えたからだ。約束を果たせば、そこに居座る必要もない。

以上私の些細な体験をのべた。自分に信念がなければ、従う者に希望を与えることはできないが、強固な信念を抱いて話せば必ず通ずるものである。

淮南子《えなんじ》に「疾《と》く呼ぶも百歩に聞こゆるに過ぎざれども、志の在るところよく千里を踰《こ》ゆ」とある。

激しく叫んでも百歩先まで聞こえるに過ぎないが、強い志は千里を越えて響きわたるものだという意味である。

二　将の大志が部下の胸を膨らます

大志が部下の心をとらえる

「麒麟《きりん》地に墜ち千里を思う」、秀れた馬は生まれ落ちたときから千里を走る気概をもっている。人間は小さいときから大きな志をもっていなければならないという教えである。

これも詩の一句だが「丈夫《じょうふ》地に墜ち自ら万里の気あり」。志士はこの世に生まれたときから世のため大功を立てようという志をもっているものだという。

列子に、こんな文句もある。「呑舟《どんしゅう》の魚は枝流に游《およ》がず、鴻鵠《こうこく》は高く飛んで汚池《おち》に集まらず」（舟を呑み込んでしまうような大きな魚は、小さな枝流には泳がず、大鳥の類は高く飛んで汚い水溜まりなどには降りてこない）。言い換えると大志を抱いているものは小さなことには手をつけない、という意である。

秦の暴政を憎み反旗をひるがえした陳勝の「燕雀《えんじゃく》いずくんぞ鴻鵠の志を知らんや」（ツバメやスズメのような小鳥には、鸛《こうのとり》や白鳥のような大きな鳥の志がわかるものか）はすでに紹介した。

この陳勝に呼応して立った劉邦は、宿場の長でしかなかったが、首都の洛陽へ賦役に出たとき、秦の始皇帝の行幸を目のあたりにして言うには、「男児と生まれたからには、かくありたいものだ」と。また共に秦打倒に立った楚の項羽が始皇帝の行列を見たとき「始皇帝に代わるものは自分である」と言ったという。

これらいずれも大志を示したものといえよう。志が小さければ、容易に達成できる。達成するとそれに満足してその後の進歩はなくなってしまうことになる。人々は小さな目標を達成して満足してしまうような人間に魅力を感ずることはない。

遠大な志を抱く人に仕えれば、組織は大きくなり、出世の椅子も増してくると、働く人間の希望も膨《ふく》らむことになる。これがトップの魅力となって人が集まる。

少なくとも大志を抱くような人材を求めようとするなら、トップ自身が大志の人となることでなければならないだろう。

大局みずして志ならず

私が十八才で夜学を卒業したときに、当時銀行本店の支配人代理から、「鉛筆一本で仕事をする人間を志せ」と言われた。小成に甘んじないで「取締役以上の経営者になれよ」と励ましてくれたのであった。

終戦後にその人は常務取締役になっており、私は経理課長代理であった。あるとき決算数字がまとまったので、私一人ではりきって常務に説明に行った。

常務は経理担当で数字に詳しい。何をどこから聞かれても答えられるように、科目別の数字を丸暗記して出かけた。

財務諸表を渡して説明に入ろうとしたところ、いきなり「損益計算書の総合計はいくらか」

と聞かれた。

ところが科目毎の数字は暗記したが総合計は覚えていない。戸惑っていると、「合計数字は前期と比較していくら伸びているか」と矢継ぎ早の質問ぜめである。

答えられないと思ったのか「科目別の数字などはこの表を見ればすぐわかる。損益の合計は銀行の半年間の業績を表しているものだ。全体からみて前期に比較していくら伸びているか。来期はどうすべきかを考えるのが君の任務ではないか」と、今思えばいかにも当たり前の指摘であった。

課に戻って課長に報告したら「数字の井原も、だいなしだったな」と言われたが、常務としては、大局に目をそそぐような人間になれという教えでもあったのである。

大志と細心

「心は小ならんことを欲して志は大ならんことを欲す」と淮南子《えなんじ》にある。

気使いは繊細であることが望ましく志は大きく使うことが望ましいという意味だが、小心と細心とを混同してはならないということである。

心は小、志も小ということでは成すことも小ということになって、部下に敬われるどころか軽べつされることになるだろう。

どこかで信長の次のようなエピソードを読んだ記憶がある。

織田信長は天下人を志した大志の人であったことは誰しも認めるところ。

その信長が、若者たちの中から誰を小姓に選ぶかということになった。そのやり方は、正面深く鎮座している信長に、自分の名をのべさせるだけのものであった。そしてその際に選ばれたのが森蘭丸だった。

採用の理由は、信長の前に進み名乗りを上げるとき、若者たちが座っている畳の前に落ちていた塵《ちり》をつまんで立ち去ったからであったが、実はその塵は、信長が事前にわざと置いておいたものであったという。

天下を狙った大志の人とは思われない細心さだが、大を成した人間の共通点は大志と細心なのである。

ところで経営者の大志といっても、ただ事業の規模を大きくすればよいというものだけではない。自ら他に誇れるようなことを志すことも含めてはどうか。規模の小さな個人商店でも全国に知れる有名店もあれば、スポーツ、芸能界で名を成した人もある。いずれも、大志を抱いて精進をつづけてきたからである。

大志を抱いている人間は、強烈な目的意識が潜んでいるため自然に態度に現れる。これが人々の心を捉えるのである。

三　部下に旗印を示せ

みんなの耳目をひとつに

孫子の兵法に、「軍政に曰く、言えども相聞こえず、故《ゆえ》に鼓鐸《こたく》をつかう。視せども相見えず、故に旌旗《せいき》をつかう」とある。

すなわち多数の兵士を統率するには、口で言っても聞こえないから合図の鳴物を使い、遠くからでは見えないから目印の旗を用いる。

合図の鐘、太鼓、目印の旗というものは、大勢の耳目を一つにするためのものである。これによって大軍を統一し、勇猛な者でもひとりで抜け駆けすることを許さず、臆病な者でも勝手に逃げ出せないようにするのである。これが大勢の人間を統率する秘訣である。

また夜戦には盛んにかがり火をたき太鼓を打ち、昼戦には旗印を多く立てる。こうすれば味方は実際より多く見え、敵をあざむくことができ、敵の志気をくじき、とくに敵将の心理を撹乱することができる、とある。

このように、一本の旌旗《せいき》（旗印）が百、千の人間の心をひとつにし、一打ちの太鼓の音が敵の将の心を揺るがすというのも過言ではない。

明治維新のとき幕軍の最も恐れたのは「錦の御旗」であったろうし、日露戦争のときロシアのバルチック艦隊を迎え撃った連合艦隊司令長官東郷大将が、旗艦三笠に揚げたのは「皇国の興廃この一戦にあり、各員一層奮励努力せよ」を意味するZ旗であったことは広く知られているところだ。

私は再建会社で無期限ストの最中、赤旗林立の中で日の丸の旗一本を立て、スト終結に追い込んだことがある。

再建会社に入社早々驚かされたことは、過大な借金もさることながら、労使の激しい対立である。赤旗会社と近所から異名をつけられるほどに、いつもストをやっていた。私が出社すると、早速工場の壁や電柱に、私の似顔絵つきのアジビラが貼られ、「ケチを追い出せ」「ハゲケチを追放せよ」などの迷文句が書かれている。

出勤する社員に入口で組合幹部が私の悪口を書いたビラを配っているが、私としては闘志を駆り立てる妙薬でしかない。業績不振の原因のひとつがこの労使対立にある以上、こうした人間を恐れて再建などできるわけがない。

労使対立はそもそも相互不信にあるが、トップに毅然とした経営姿勢がないためでもある。労組の不当な要求を断固はねのける勇気に欠け、いわばバカにされ、さらに相互不信に拍車をかけていたのである。

そこで私は、労使の相互不信をなくするために、経営者側には、労組の要求に対し、かけひきなしに最大限の回答をすること、その後はいかなる追加要求にも断固応じてはならないと指示した。へたな腹のさぐり合いをやめ、経営者として毅然とした態度を示すためである。

当初は、私の真意が理解されず、ストも一層激化して、経営側が譲歩しない限り無期限ストも必至という状況になった。無期限ストに突入したら会社は持ちこたえられないと、経営陣から迫られたときに、私はこう答えた。

「ストになれば、その間の社員の給料は組合が払うことになる。貧乏会社なんだから、できるだけ長く組合に払ってもらえ」。

また「当社はストをやってもやらなくてもつぶれかけている。つぶれてもともとじゃないか」と極端なことも言った。

さらに経営側の毅然とした姿勢をしめすために、プロの職人に頼んで、赤旗が立ち並ぶ工場のいちばん高い場所に、大きな日の丸の旗を掲げさせた。

だれが立てたと言うから、「赤旗だけでは殺風景と考えた天の神が立てたのだろう。そうでなければあんな高いところにだれが旗を立てるというんだ」と言っておいた。

労組の要求を、駆け引きで何とか値切ろうというのではない。現状からみて最大限の回答をしている。天地神明に誓ってやましいことはないのである。やましくないからこそ勇気が出てくる。工場に大きく翻る日の丸の旗は、何としても再建してみせるという経営者の決意のしるしなのである。

結局このことがきっかけとなって、ストは終結に向かうことになる。多くの社員が、悠然と翻る日の丸の旗をみて、「このままストをつづけていても会社がよくなるわけはない」と気づいてくれたからである。

永楽銭と風林火山

かつては祝日には家々の門にも、人の集まるところにも、必ず日の丸の旗が立てられたものだが、この頃では国旗掲揚がすたれたと嘆いている人でさえ、自分の家に日の丸の旗を立てていない。ところがスポーツなどの国際競争では、誰が強要したわけでもないのに国旗を振って熱狂する。日の丸の旗はスポーツ用品になってしまったのだろうか。

それぞれの国の旗は、戦争のためではなく愛国心をひとつにし、国力増強に一致団結しようではないかという国民への呼びかけともいえるものだ。日の丸を掲げよと主張すると、軍国主義などと見当違いのことを言い募《つの》る人たちがいる。国旗を戦争としか結びつけて考えられない人は、戦争しか見ようとしない精神病患者ではないだろうか。

ところで昔から旗印はいろいろな場合に用いられ、その形、文字も各種各様である。

個人の家々の家紋でも、菊、葵の紋、五七の桐などさまざまだ。私の家紋は五三の桐だが、豊臣秀吉のそれは五七の桐。もし秀吉の時代に、私が五七の桐に変えたら秀吉に切腹を命じられていたかもしれない。

それにしても、この旗印なるものはいつごろから始められたものだろうか。

強国秦を倒すために立ち上がった雇われ百姓の陳勝は農民蜂起の第一号といわれ、九百人の百姓と共に秦都を目指して突き進んだとある。この時も旗をかざしたであろうが、おそらく筵《むしろ》旗ではなかったろうか。

わが国の源氏合戦では、源氏が白旗に「八幡大菩薩」と書き神の加護を願い、平氏は赤旗に「南無阿弥陀仏」と書いて佛の加護を希《ねが》っている。

織田信長は「永楽銭」を旗印にしたという。そのころ明《みん》の国から永楽銭が大量に輸入され、広く流通するようになっていた。思うに永楽銭のように天下に通ずる存在になりたい、言い換えれば、天下人になりたいという願いを込めた旗印ではなかったろうか。

加護といえば上杉謙信は「毘」の一字。信仰している毘沙門天《びしゃもんてん》の毘を旗印にしている。上杉謙信のライバル武田信玄の旗印は「風林火山」である。

これは孫子の兵法（軍争篇）にある「其《そ》の疾《はや》きことは風の如く、その徐《しず》かなることは林の如く、侵掠《しんりゃく》することは火の如く、動かざることは山の如く、知りがたきことは陰の如く、動くことは雷霆《らいてい》の如し。郷《きょう》を掠《かす》めて衆を分かち、地を廓《ひろ》めて利を分かち、権を懸《か》けて動く、先に迂直《うちょく》の計を知る者は勝つ。これ軍争の法なり」からとったものである。

すなわち、戦いに際しては、軍の進退は風のように迅速に、ゆっくり進むときは林のように整然と、敵地に攻め込むときは火のように激しく、守りを固めるときは山のようにどっしりとかまえ、その勢いは、夜の曇り空の中で月や星がみえないように、どんな密偵でも実状を把握できないようにし、いったん出撃すれば、雷のように一瞬にして相手を打ち砕く。進軍に際しては、村々から集めた物資はみんなで分かち合い、味方の領地を広めていくときは盟友や部下に奪った城や領地を分け与え、軍事行動は、戦場の形勢や各戦法の利害得失からよく判断して決定する。このような対応をあらかじめ知っている者が勝つ。これが必勝法である、としている。

この武田信玄の旗印「風林火山」は、いまも人々の口にのぼることがある。

むかしのことだが歌手の三橋美智也がよく歌った吟詠入りの武田節に「祖霊ましますこの山河、敵にふませてなるものか、人は石垣、人は城、情けは味方、仇は敵、仇は敵」（作詞米

山愛紫　音楽著作権協会）と歌って、次に詩吟《しぎん》が入る。「疾《はや》きこと風の如く徐《しず》かなること林の如し、侵掠《しんりゃく》すること火の如く、動かざること山の如し」。いまにも声をあげて歌いたくなる歌詞だが、音痴の私は歌わざること山の如し、としておいたほうが無難のようである。

一人一人を強くした上で団結させる

淮南子《えなんじ》に「一目の網は以《もっ》て鳥を得べからず」つまり、一目しかない網では一羽の鳥も取ることはできない。多くの網の目の協力が必要であるという意味である。

組織のメンバーを一致団結して協力させる方法について、前記のように旗印をかかげ鐘太鼓、社旗、社歌で鼓舞したとしても、それが単なる烏合《うごう》の衆に化するようでは、事、志に反してくる。

一人一人の活力喚起に心を配っている点では、徳川家康はさすがである。

あるとき福島正則が、家康の四天王として酒井忠次、本多忠勝、榊原康政、井伊直政を称賛したとき、家康が「いや、たしかに四人の者は豪勇並びなき勇士だが、まだ他に六人の勇士がいる。十天王というのが徳川家の宝と思ってもらいたい」と正した。正則があとの六人は誰と誰であるかを尋ねたが、家康は答えなかった。

しかし十天王の噂は家中に広がり、主だった幹部はわれこそ十天王の一人であると考え、勇んで活躍したという。

徳川安泰のためには、並優れた勇士が四人いれば十分かもしれない。しかしさらに多数の幹部が切磋琢磨して精鋭化し、四天王なみの力を発揮してくれることになれば、さらに地盤が強くなるというものである。いかに団結したとしても一人一人の力が劣るようであれば団結の力も弱くなる道理といえるからだ。

光を見い出す旗印

再建五ヶ年計画についてはすでに「ゼロ・一・二・三計画」として先にふれているが、ここで、なぜこのような数字のゴロ合わせに至ったのかを説明しておこう。

会社の再建に取り組んだ私は、社内の組織を四十の子会社に分社し、ほぼ意識改革も地に着いたと考え、再建の実をあげたいと再建五ヶ年計画の作成に入った。社内外の人を頼らず、参考書も持たずの作業であった。

会社の仕事を終えても家に帰らず、会社の近くのホテルに宿泊し案を練った。一年目から五年目まで業績予算数字はまとまったが、五ヶ年計画を何と名付けるか、あれこれ考えた。幹部にも社員にもわかりやすい旗印をなんとしても掲げたかったからだ。

ふと真田幸村の旗印が六文銭であることが浮かんだ。

それなら数字を旗印にしてはどうか、五ヶ年計画の達成目標は四つある。これに数字を合わせてみた。

第一目標は無借金にすること、そこでこれを「ゼロ」とし、次に信用を高めるために二部上場から一部上場を果たすこと、これを「一」と表そう。そのためには二割配当できる実力をつけねばなるまいと考え、これを「二」とし、残りの「三」は、以上の目標を果たすためには社員の協力が絶対必要ということから賞与を年間三回払うとしたわけである。

部下に言うと、「ゼロ・一・二・三ですか。電話番号みたいですね」と、なんとも気の抜けた感想だ。そこで翌日社長にも出席を願い、数十人ほどの幹部会で「ゼロ・一・二・三計画」について説明した。

一同笑顔で聞いていたが、しかし賛同のそれではなく、「井原さん、単なる語呂あわせで不可能な目標だ」と嘲笑しているかのように見えた。そこで、こう話した。

「皆さん窓の外を見てもらいたい。太陽が輝いて他の光は見えなかろうが、わが社の実状は真暗闇。闇の中からなら光は見えるはず。ここで必要なのはこの光を信ずることだ。旗こそ掲げてないがゼロ・一・二・三は光を見い出すための旗印である。この旗の下に一人でも多く集まってもらいたい」と結んだ。

数日後「孫子に学ぶ経営戦略」という講習に参加したおりに、「風林火山」の旗印を思い浮かべ、ゼロ・一・二・三の旗印を決めたことは誤りではなかったことを独り悦んだものである。

先賢の知恵を自分の考えの裏づけにすることは、いかにも知恵泥棒のようだが、結果としては最も近道を行くことになり、また最も信じられるものと考えたいものだ。先賢の知恵は後世の人のために残したものであり、その知恵には、さらに後世の人々の実績が重ねられているからである。

前記したように私は会社再建策を、補助者も連れず、書物も持たず、銀行時代の業務の経験と、長年頭の中に蓄えてきたものを頼りに考え出したわけである。

私の頭の中に何十年にもわたって蓄えられた先哲の知恵は、漬け物で言えば古漬けのようなものかもしれない。昔から蓄えてきた考えを判断の裏づけにするということは、昔からの古漬けを食べているようなものだと話したことがあるが、野菜の古漬けは噛むと堅いが、噛めば噛むほど味の出るものである。

四　会社の恥は志気の低下

恥を発奮の材料にする

人が恥を受ければ反発心となって志気を高めるが、企業が恥を受けると人はやる気を失う危険がある。

この頃の大会社の不祥事を思うまでもなく、企業存亡の危機にもつながることがある。産地の不当表示で全国的な不買運動がおき、大部分の社員のやる気を削いで、いかに深刻な影響を与えるか。恐るべきは会社の恥である。

会社がトラブルを起こして世間の話題になると、社員は隠れるようにして行き来している。会社の恥は自分の恥と考えているからだろう。社員に何の責任もないとしても会社の恥は自分の恥として受けとめている。しかし、その責任は志気の低下となって現れ、志気の低下が業績の低下に直結することはいうまでもない。

かつて、いま盛々の経営を続けている某社の創立者と対談したときの話。

「私は、女房が経営していた会社がつぶれ、その後始末のため、カマドの下の灰まで売る思いをして借金を完全に返済したが、私が会社を始めるときは、一度つまずいた人間ということで各方面から警戒された」と。たとえ奥さんの不始末でも、世間の人は関係者まで信用しなくなるものである。

一度受けた恥は、完全に雪《そそ》いだつもりであっても雪ぎ切れないものだ。社員の志気も同じで、一度落ちた志気は容易に高揚できない。

現職時代、販売会社の社長が苦情を並べていた。

「われわれが、いくら努力してもお客さんが真剣に話に乗ってくれないんです」

「お宅の機械の性能は秀れているし買いたいんだが、故障が起きても修理をしてくれないようではと言われて、もうお手上げですよ」と言っている。お手上げしてしまうようでは売る気も鈍っている。

お客さんは「おたくの会社がつぶれたら」の文句を省略して「修理ができないようでは」と言っているだけで、会社の恥は言っていない。しかしそれだけでも販売担当者のやる気を失わせていることは事実である。

別にのべたように、再建会社の借金は五年で返済と計画したが、実際は三年半で完済できた。会社の恥を、社員一人一人が自分の恥と受け止めてくれて、逆に志気を高めてくれたからこそ、返済が早まったと思う。

恥も経営資源のひとつ

私が社員研修の場合などに口ぐせのように「恥を知ることほど自分を育ててくれる栄養はない」と話してきた。またあるときは「聞くは一時の恥、聞かぬは一生の恥」とも話した。

論語に「能を以て不能に問い、多きを以て少なきに問う」（才能がありながらも、才能のない人にもなお尋ねつくし、多くのことを知っていてもさらに知識の少ない人にも聞く）ということばがある。自分を深めるにはそれだけの努力と謙虚さが必要という意味で、恥を忍ぶ心と謙虚さを示したものである。

分社した狙いも、業績不振を会社の恥に責任転嫁させず、自分の恥と知らせるためであったし、諸制度を改めるにも、一個人として恥の自覚を促すことも目的に加えたものである。

恥を進んで求める者はないが、求めずしてふりかかってくるものは恥である。

恥を自覚させて反発・発奮の心を起こさせることも経営戦術のひとつと考えれば、恥もひとつの経営資源といえないことはない。部下指導の肝要点といえるだろう。

恥をもって部下発奮の起爆剤とするためには、トップみずから恥を知ることである。

先に臥薪嘗胆《がしんしょうたん》の故事をあげたが、その後日談に「会稽《かいけい》の恥を雪《すす》ぐ」の故事がある。

呉王の太子夫差は、薪の上に寝て怨みを忘れず、とうとう父の仇である越王勾践を、会稽山《かいけいざん》に追いつめ降伏させせる。

このとき呉の忠臣子胥《ししょ》は「後顧の憂いを断つために勾践を生かしておくべきではない」と忠言したが、夫差は勝者の襟度《きんど》（心の広さ）をもって勾践を許してしまった。

生きながらえた勾践は自国へ戻ったが、いまや呉の領土となり、みずからは夫差の一臣でしかない。しかし、夫差にならって、いつもかたわらに胆を置いてにがい味を嘗《な》めては「会稽の恥」を思い返して復讐の念を駆り立てた。そして自分で田を耕し、妻には機を織らせ、粗衣粗食に甘んじ、よく人を養い、忠言に耳を傾け、つねに心を引き締めて国力の充実を図っていた。

そのころ夫差は、諸侯を会して天下に覇をたたえ、得意の絶頂にあった。

この機を狙っていた勾践は、夫差が軍を率いて遠征に出て不在なことを幸いに、一挙に呉に攻め入り残留軍を撃破したが決定的な勝利とはいえず、四年後に再度呉を攻めて大勝し、ついに二年後には呉の首都姑蘇《こそ》城を陥れ、夫差は自ら首を刎《は》ねて死ぬ。

こうして勾践は、「会稽《かいけい》の恥」を晴らし、「国亡びるや賢人なきにあらず。その言を用いざるなり」と歌われているように、賢人子胥の忠言を無視して、呉は亡びている。

それから千年たって、唐の詩人李白は次のように詠んでいる。

「越中懐古」と題して

越王勾践呉を破って帰る

戦士家に帰って尽《ことごと》く錦衣す

宮女花の如く春殿に満つ
唯今ただ鷓鴣《しゃこ》の飛ぶ有り

越王勾践と共に、敗戦の苦労の中から鍛え上げた将兵たちも、錦の着物を着てわが家に帰ってきた。越の都をあげて喜びに溢れて、国王の宮殿でも多くの官女たちがはべって歌い舞い踊っていたであろう。千年を経た王宮の旧跡に立つと、このあたりに多いというキジが人に驚いて飛び立つばかりである、という意味である。

いずれにしても、恥を恥としておのれに厳しい鞭をうちつづけて成果を得た満足感は、「恥はかき捨て」としてきた人間に到底味わうことができないものである。

恥は発奮の鞭《むち》

再建会社にあたっていたとき、銀行の後輩から「これ以上の融資はできません。（倒産させて）再出発されてはいかがでしょうか」と言われたことは別に記したとおりである。言葉こそ丁寧だが、短刀で心臓をえぐるような文句には、脂汗が吹き出るほどの屈辱感を覚えたものである。

何とか資金を借りようとして、取引銀行の支店長を接待し、支店長の前に正座し「お流れちょうだいします」と両手を差し出すのも、会社の寿命をなんとしてでも延ばすため。元を正せば、その支店長は私が人事部長をしていたときに採用試験を受けたという。酒に酔うどころではない。穴があったら入りたいほどの恥を感じる。

その後も何度となく銀行幹部を接待したが、いくら飲んでも酔ったことはない。恥が邪魔して酔えなかったのである。

再建を果たし頭取に会って、借金はゼロになりました、長い間お世話になりましたと言ったら、「借金なしでは銀行が困る」と言うので、「いままでは銀行に利息を払ってきましたが、今度は払った分だけ取り返すつもりで、預金を増やして利息をとりますよ」と答えたが、悪い気はしなかった。

いままで私は、他人から恥らしい恥を個人的に受けた記憶は少ない。しかし自分を恥ずかしいと考えたことには枚挙のいとまなしである。

青年時代「五無才」と自嘲していたように、「学歴なし、地位は最下位、財産なし、頭髪もなし、青春もなし」のないないづくしであった。あったものは劣等感だけ。他人から見れば恥でなくても、自分の恥として頭から消えることはなかった。

銀行に入ったときは、学歴がないから最下位の序列は致し方がない。しかし何とか上の地位に昇ろうと懸命に働き夜間中学にも通っていた。しかし腸疾患による脱毛症の治療のために六ヶ月間休職したことは別項でも述べた。当時は不況のため三年間昇給がストップしており、職場に復帰したときに昇給が再開された。他の人たちは過去三年間にさかのぼって昇給したが、私は休職していたので昇給ゼロ。その結果再び序列は最下位になってしまった。

社内夕食会のときに、いつもどおりの席についていたら、世話係の先輩から「君の席はこだ」と、末席に座り直しさせられた。火が出るほどの憤りを感じたが、抗弁の余地はまったくない。身から出た錆《さび》は、自分で削りとらなければいけない。

婚約した女性から突然、結納金を返されたときも、誤解からの破約であったが一時の恥でも恥は恥。しかしこれらの恥をすべて、後年には感謝に変えてしまった。発奮の鞭《むち》に置き換えてしまったからである。

銀行勤務のかたわら母の農業を手伝って、スキやカマを持ち、時には荷車の梶棒をにぎり、肥おけを担いだが、それもこれも親孝行のひとつと考えれば、劣等感どころか優越感に変わってくる。

亜聖孟子は「恥ずることなきを之恥ずれば恥はなし」と教えている。恥がないことを恥と思えば、自らを省みて他人から恥とされることはないという意味だ。

私は他人様が恥と考えていないと思われることも自分の恥とし、自分で自分を打つ鞭に変えてきた。

恥もまた自己形成に一役買ってくれるものである。

五　至誠神の如し

赤心《せきしん》のつよさ

「至誠は神の如し」は、中庸《ちゅうよう》にある言葉で、私心を去ったこの上もない誠の心は、全知全能の神のようで、すべての事についても、どのようにでも対処できるという意味である。

この例として後漢の光武帝をあげておこう。

光武帝は蕭《しょう》王と呼ばれたが、この王が銅馬《とう》の賊を降服させたおりに、味方の将兵も彼等が心から降服したかどうか疑っていた。賊たちも、降服は受け入れてくれたが格別のとがめもなく、どうなるものかと疑心を抱いていた。

これを察した王は、銅馬の将兵を元の領地に還し、武装のまま整列させ、その中を軽装のまま巡視して廻った。

これを見た銅馬の将兵は「赤心を推《お》して人の腹中に置く」すなわち、蕭王は自分の真心と同じ心を他人ももっていると信じて少しも疑っていない。どうして、こういう人のために死力を尽さずにおられようか、と忠誠を誓った。

「赤心《せきしん》」とは真心という意味だが、相手を信頼し疑う心なく接する蕭王は、こうした人たちの力を集めて天下を統一し、光武帝と称し、後漢の祖となっている。

ある中国出身の歴史家に「中国史のなかで名君隋一といえる人は誰か」と聞いたところ「それはなんといっても後漢の光武帝ではないですか」と答えてくれた。

光武帝がまだ即位する前のこと、部下が早く即位してくれることを願ったが、まだその器ではないといって承知しない。

そこで忠臣の耿純《こうじゅん》が進み出て「竜鱗《りゅうりん》をよじて、鳳翼《ほうよく》に附す、以《もっ》て其の志《こころざ》す所を成さんことを望むのみ」と即位を迫った。竜の鱗につかまり鳳凰の翼にとりつき従う、つまり諸将らが親戚を捨て領土を捨ててまで従ったのは、大王というとてつもない大人物を慕い、大功をたて志を果たそうとしたからです、と言ったと後漢書《ごかんじょ》にある。

ときに鋭い釘を打ち込む

「卒を視ること嬰《えい》児の如し」と孫子にある。兵卒に対して、まるで赤ちゃんに対する親のように接する。だからこそ兵士は将と共に戦う覚悟もできよう。

光武帝の赤心こそ指導者の理想と考えるのはよいが、しかし部下を甘やかすこととは違う。部下に対するいたわり、思いやり、可愛がりの心だけに終始しては、却ってそれが仇となる危険が現れることがある。

甘きに馴れて我ままになる。厳しさをわすれて、安易、得意だけが心に残る。うぬぼれ、有頂天、唯我独尊の気持ちになる。上を甘く見る、軽べつの心さえ芽生える。ついには礼儀を忘れ、上司を上司とも考えず、規律も守らなくなる。つまりは権利だけ主張するが義務は人に任せるとなっては、スクラップ人間を大量につくり出すことになりかねない。

そこでいえることは、甘えをみずから求めるような人間には、時に鋭い釘を打ち込む必要も出てくるということだ。

ものの本によると「母の子を教える、愛を先にして厳《げん》を後にし、父の子を導くや、厳を先に愛を後にす」とか。いずれにしても愛に厳しさを伴わせないと、子は立派に成長することはないようである。

私ごとになるが、五十余年にわたる現役時代に、部下を叱ったことはほとんど記憶にない。それなのに「どうも近づきがたい、馴れ馴れしくできない」と言われた。

これこそ私の不徳の至すところには違いないが、過ちを正し、不正不戦に対しては容赦なく罰したことが原因になっていたのではないか、と独り納得しているわけである。

「両心は以《もっ》て一人を得べからず、一心は以て百人を得べし」とは淮南子《えなんじ》にある文句だが、要するに、裏表二心のある者は一人の味方も得られない、一つの真心ある者は百人の味方を得ることができるということだ。人に対して裏表のある者で人から信用される人間はいないものである。

よく二枚舌を使うといわれるが、このような人間で有終の美を飾った者はいない。その昔、友人の一人がボーナス時期になると、何か理由をつけて憐れみを乞いてくる。確実に返済すると言っておきながらついに一度も返済されていない。また一人はまことしやかに借用証に印紙まではり、頼みもしない利息割合まで書いて借金にきた。その借金理由も同情を求めるようなことを並べていたが、貸した後は行方不明になっている。私は最初から貸したものは与えたものと思っていたから後悔もしていなかった。それを女房に話したら、借金を踏み倒したのがあなたではなくてよかったですね、と却って慰められた。

しかし中には約束通り返済してくれた友人もいて、その人たちはいまも立派に成功している。返済しない方が得しているので成功してよさそうなものだが、得をしない方が成功している。「至誠は神の如し」と標記したが、神は至誠を見過ごしてはいないものである。言い換えれば、至誠は天に通じているともいえる。

「民衆は嘘を嫌う。どんなに大仰で見せかけが立派な嘘も人々の心は動かせない。誰でもみな心の中に、言葉を量る天秤を持っているのだ」と、ある本で読んだ。

自分に嘘をつくことはできても、人に嘘はつけないものである。

正しい判断は至誠から

この項の終わりに「折檻《せっかん》」のいわれについて述べておきたい。檻とは手すりのことで、折檻は手すりを折る意味である。今日では、きびしく叱る、あるいはこらしめるための体罰という意味で使われているようだが、もともとは主君を諫《いさ》めるという意味である。

前漢九代の成帝のころである。外戚の王氏一族は地位を得て、政治を思うがままに動かしていた。これを重臣の一人が諫言したが、帝は反省することがなかった。そのため多くの不信、不安の声が立ったが、王氏一族の勢力を恐れ、敢えて重ねて忠言をする者はなかった。国王の師をもって任じていた張禹《う》までが王氏に味方するようになった。

こうしたとき一地方の知事に過ぎなかった朱雲という男、帝の前に進み出て言った。「陛下の秘蔵の斬馬《ざんば》の剣をいただいて、悪人の首をはね、他の者への見せしめにしたいと思います。何とぞお許しを」。

帝がその悪人とは誰だと尋ねると、朱雲はためらうことなく「それは安昌君張禹《う》です」と言った。帝は激怒して「卑しい身分で帝の師を斬るとは許せぬ、こやつを捕えて首をはねよ」

と命じた。しかしこの安昌君は相談役の立場でありながら、王氏の勢力をおそれて王氏に有利な進言をしていた。

　さて斬首を命じられた役人は朱雲を殿上から引きずり下ろそうとしたが、朱雲は檻（手すり）をつかんで離さない。ついに手すりは折れて階下に転落してしまった。それでも朱雲は叫んだ。

「臣の身はどうなろうと厭《いと》いませんが、陛下の御代が気にかかるばかりです。何卒ご明察を」と叫びつづけた。これを見ていた将軍の辛慶忌《しんけいき》は、朱雲の無私の態度に打たれ殿上から飛び降り、額を地面に叩きつけ額から血を流しながら朱雲を殺すことの非を諫めた。

　激怒していた帝も二人の国を思う真心に感じ、「もう少しであたら忠臣を失うところであった。よく身を挺して諫めてくれた」と言って座を立たれた。

　後に家臣が折れた手すりの修理を申し出たところ、帝は「いや修理におよばぬ、あれは直諫の忠臣の怨念だ。あれを見るたびに朱雲を思い出し政治を正すいましめとしよう」と自戒したという。

　まさに至誠天に通ずである。いかなることに直面しても、至誠に味方して事を誤ることはないものである。

　銀行時代に私は先輩の役員から「頭取は井原君の話をよく聞いているな。何かいい口説き文句でもあるのか」と聞かれ「何もないから聞いてくれるのでしょう」と答えておいた。怒ると「百雷一時に落つるが如し」と言われた頭取に一度も怒られたことはない。十二年間その頭取のもとで働き、その間に三度ほど諫言をしたこともあったのだが。

　怒られない秘訣は何もない。私利私欲、邪念邪欲なく、ただ企業存続・発展のためということだけであったからだと思う。

第四章　賞罰と志気

一　賞罰の権は誰が持つ

トップが手放してはならない権利

六十才のとき私は請われてある会社へ入った。入社の朝、社長と面会したが初対面であった。

社長は初対面の私に「私は技術屋で財務人事など管理部門は不得手ですから一切を井原さんにお委せしますからよろしく願います」と言われた。初対面の私に会社の中枢部門ともいうべき管理部門を委せるとは、たいへんな人物だと思ったが、私はこう答えた。

「誠にありがたいことですが、人事だけは引き受けかねます。人事権、つまり賞罰の権はトップが持つべきものとされていますから。事務的なことは引き受けますし、社長の相談には乗りますが」と答えた。社長は「そういうものですかね」と言っていたが、それは咄嗟《とっさ》に私の口から出たわけではない。中国の韓非子《かんぴし》という本の請け売りなのである。同書には次のようにある。

「盟主の導《よ》りてその臣を制するところのものは二柄《にへい》のみ。二柄とは刑徳なり」(秀れた君主は、刑と徳の二つの柄を握っているだけで部下を用い活かすことができる)。

「柄」とは動かす力つまり権力の意味で、「刑」とは部下に罰を加えること、「徳」は部下に賞を与えることと説明している。その賞罰の権は必ずトップが併せ持つべきもので、刑徳のいずれを手離しても不可として次の説明を加えている。

そもそも虎が犬を服従させるのは、爪と牙があるからで、虎の爪と牙を捨てさせ、犬にこれらを使わせれば、逆に虎が犬に服従させられることになる。

斉の国の田常《でんじょう》という重臣は主君の簡公《かんこう》をたぶらかし、恩賞を与える役に就き、自分に従っている人間だけに地位を与え、人民に穀物を貸し付けるときは大きな枡《ます》で量り、返すときは小さな枡《ます》で量って人民の得として味方を殖やし人気を集めた。結果は簡公を殺し田氏が国王となり十二代もの長きにわたって国を治めた。もとはといえば簡公が賞の権を手放したからといえよう。

また、宋の国の子罕《しこう》という重臣は「罰は受けた者から怨《うら》まれますから私におまかせ下さい。賞は受けた者から悦《よろこ》ばれますからご自分でおやり下さい」と言って憎まれ役を買って出たように見えた。しかし人々の怖れるのは刑罰であり、国王ではなく子罕を怖れるようになった。そのため国王は追放されてしまったとある。賞罰の権をおろそかにした報《むく》いといえるだろう。

現代の組織では、それぞれの部門で賞罰を行っている向きもないではないが、組織内の規律を守り、責任を果たし、一糸乱れぬ活動を維持するためには、トップが賞罰という扇の要をしっかり握りしめている権力者であることが必要なのだ。

当たり前のことを賞する

兵法は、将たる者の条件として、智、信、仁、勇、厳の五つをあげているが、厳、つまり将の威厳は、公平な賞罰の行使によって保たれることが少なくないのである。

賞罰の必要は組織運営上欠くことのできない要件であるが、これを疎《おろそ》かにし、中には全く行おうとしない向きもある。

「給料を払って傭っているのに褒美など与えることはない。会社を皆勤したからといって賞を与える必要はない。売上高を増やしたからといって賞を出すこともない。担当者として当たり前のことをしているだけだ」などと言って出し渋っている向きさえある。

賞というものは「当たり前のこと」に出すべきと気づいていないのである。溺れている人を救い上げることは人間として当然の行為。困っている人を助けるのも人の本性から出たもので至極当たり前な行為であるが、賞に値するものである。なぜなら、やって当然のことを、やらない人間がいるからである。

当たり前のことをしないからといって罰せられることはない。だから賞とは、人間として当たり前の行為をする人を奨励するものであるともいえる。

罰する法は少ないほどよい。しかし人間として、企業マンとしての道を守らない向きには、罰する法律も必要になってくる。

史記に「法三章のみ」の故事がある。

中国西漢の祖劉邦《りゅうほう》が秦《しん》を滅ぼして天下をとったとき、人々を集め「諸君は秦の苛酷な法律に苦しめられたが、自分はこれを解放するために来たのだ。今後、法は三章のみとする。即ち、秦の法律はすべて撤廃して、人を殺したものは死刑、人を傷つけたり、盗んだ者は、その軽重に応じて罰する」というきわめて簡略なものであった。人々が喜んだことはいうまでもない。

石川五右衛門の「浜の真砂は尽くるとも世に盗人の種は絶えまじ」のセリフではないが、罪は世につれて増えている。企業の組織内でも表沙汰たるものは氷山の一角に過ぎなかろう。しかし細かに罰する刑法をつくっても、有名無実で終わらせたり、複雑すぎて適用がむずかしいことになると、不正が蔓延して命取りになる。

罰する法はできるだけ簡略にし、同時に必ず施行することが大事なのである。

薄情も情のうち

賞罰は軽重よりも、必ず行うことである。そしてこれを行う者はトップ自らである。

「権力の乱用よりも、それを行使しないことはもっとも悪徳である」とのべた人があるが、それを知るや知らずや、行使を怠るトップは自らトップの座を投げ捨てているに等しい。

ここで銀行での人事部長時代の体験を紹介したい。

当時正月には、主だった支店長、部長など十人ほどで、頭取の私宅に招かれご馳走をいただくことになっていた。歌う者もいれば踊りだす者もいる無礼講の新年会だ。宴のなかばで座がいくぶん静かになったとき、頭取が独り言のように「君たちのように元気者揃いだと銀行も活気づくのだが、店課長のなかには無気力な者がいるからなあ」と誰に言うともなく口にしていた。

それから二ヶ月ほどたったころ私は頭取に呼ばれ「年度末も近い、ここで店課長の人事異動を行う。十数店の支店長を溌剌《はつらつ》とした人間と入れ替えたい、その案を至急作ってくれ」という命令。

「それならもうできています」

「えっ、誰から命じられたのか」

「頭取ご自身からです」

「僕は言ったおぼえはない」

「正月にご馳走をいただいたとき伺いました」

「そんなことは記憶にない」

「トップの口から出た言葉はそれが独り言であろうと、冗談であろうと命令として受け止めております」

「そういうことか、君には、うかつに独り言もいえないな。それはそれでよし、案ができているというなら、いまここに持ってきてくれ。よかったら明日の常務会にかける」。早速私がその案を説明したときである。「この支店長を閑職にしてしまってもいいのか。君の恩人という話を聞いたことがあるが」。

私が提出した案では、支店長の二十％近い人を外すもので、中の一人は私が入行したとき、数字の書き方、ソロバンの計算など手取り足取り教えてくれた親切な先輩も含まれていた。私としてはただうなずくしかなかった。

「君も薄情なところがあるんだな」と頭取が言うから、

「薄情も情のうちといいますから」と私は答えた。

権力の乱用との闘い

賞罰の権はトップが離してはいけない権力だが、だからこそ、その乱用はあってはならないことである。与えられた権力を正しく行使するか否かが興亡の岐路になっている例は少なくない。

トップが賞罰の権力を正しく用いれば興《おこ》り、不正であれば滅ぶ。

そのむかし、中国の周朝を開いた武王を弟の召公が諌めた言葉に「人を玩《もてあそ》べば徳を喪《うしな》い物を玩べば志を喪う」と言っているが、最強の権力を持ったトップの権力乱用を戒《いまし》めたものといえよう。

権力にまかせて能者を退け、佞人《ねいじん》（こびへつらって悪事をたくらむ人）を用いるなど許されないことだが、権力にものをいわせているようであれば徳を失い、ついには自分をも失うことになる。

秦の始皇帝の二世胡亥《こがい》をたぶらかして権力を得た趙高《ちょうこう》は、群衆を並ばせ、胡亥に鹿を献上して「馬を献上します」とのべた。胡亥が見ても確かに鹿である。解しかねた胡亥が家臣たちに「これは鹿であるか、馬であるか」と聞いた。趙高は「馬であります」と答えた者を取り立て、「馬ではありません、確かに鹿です」と正直に答えた臣を記憶しておき後に罪をきせて殺してしまった。こうして自分が皇帝になる準備をしたといわれているが、権力乱用もここまでくると、その悪知恵には頭が下がる。しかし、この趙高も殺され悪名だけが今に残されている。

現代でもこれに類した権力乱用が新聞記事になって現れる。ある会社の損失隠し、銀行の不正融資等々トップの独断専行、背任行為などはすべて権力乱用といえるものである。

　この乱用が、物にかかわることであれば影響もまだ少ないが、人に対してになるとその及ぼす罪も大きくなる。ことに権力乱用が、トップの暴力暴言となって部下に及ぶということになると、その部署のみに止まることはない。組織全体の士気にも及び会社の土台さえ揺るがしかねない。この頃のように不況が長引くと、部下を頭ごなしにどなりつけたり、「俺の命令をきけないのなら、いつでも辞めていい、お前の代わりはいくらでもいるんだから」と恫喝する向きもいるようである。

　ひと昔前なら、従業員は、仕えて働いて生活するということについては今と変わりはないが、むかしは職場を変えるにも変える先に乏しく一度離れたらその日から再就職に困るということもあった。学校も敷居が高くて、だれもが通えるところではなかった。だから丁稚奉公してでも仕事を学び覚えることが自分の人生を切り開くことでもあったから、主人や親方から叩かれようと蹴《け》られようとがまんしなければならなかった。なぐられるのも教えのうちとも考えていたろう。

　しかし、いまはそうはいかない。牛馬でさえ叩かれることはなく撫《な》でられながら使われている。叱るよりほめよ、命ずるより頼めというように、部下の立場になって用いよということになっている。立場の弱い部下を牛馬のように扱うトップは、かつての武力に頼るトップの人の用い方を真似ているのだろうか。

何千年の昔から「人々を用いるには徳を以てせよ」といわれてきた。人に喜びを与える用い方が大事だと。

ところが、人間どうしが武力によって争うようになると、そんな生ぬるいやり方では間に合わない、権力にものをいわせて人を教え使い、しかも何年も係《かかわ》って教える時間もない、強く育てるには権力によって強制すべきだというように、心で用いず、力で用いるように変わっていった時代もある。しかし歴史の長い経過をみていると、武力で人を統率できた期間は決して長くない。心で人を用いる明君が必ず現れて政権交替が行われ、力に頼ったトップは必ず滅びているといえるのではないか。してみると力によって人を用いることは真の経営の道ではないと考えて然るべきだろう。

しかし、権力を与えられた者は、よほど警戒しないと権力行使の行き過ぎを起こす。人情がからみ、私欲がからんでくるからである。こうした見えない敵との戦いに勝たねばならない。勝てば、従う人たちにも勝つことができよう。周囲からも見上げられるようになる。

こうあるためには、権力を行使する者は、心を鬼にして、見えぬ自分という敵と対決しなければならない。

さて、こうのべてくると、それではとかく部下に甘く見られる、部下がつけ上がり、怠けるようになると反論もでてくるだろう。

それはトップが賞罰の権という伝家の宝刀を、正しく抜かないからである。

二　トップの軽重は賞罰の公平さにあり

先ず隗《かい》より始めよ

過去私はいくつかの業績不振会社と関係したが、たがいの共通点は「棲《す》みよい会社」であったことだ。

怠けても、規則に反しても、経費の公私混同しても、不良品を山積みにしても誰からも文句を言われることもないし、罰を受ける心配もない。まさに楽園職場といえるものであった。いずれは、そのつけが回ってきて罪滅ぼしを余儀なくされるはずだが、それさえ気づいていない。

不正なことをしたら、上司や同僚にしても、それを正すべきだが、そうした当然なことさえ行われていない。その理由は至極簡単で、注意すべき立場にある人間も、同じ穴のムジナであるか、注意したら憎まれる、怨《うら》まれるなど、自分可愛さから無責任な傍観者になっていたからである。

別項でのべたとおり、ある会社では、土台を揺るがしかねないほどの不良品が山積みされているのでさえ、上司が見て見ぬふりをしていたが、その責任を追及しては怨まれるとでも考えて誰も手も口も出そうとしていない。

またある会社では役職員の出退社もルーズ極まりないものであったが、直属の上司も似たり寄ったりで注意することさえできない。それでもお飾りで、役員の出勤簿は備え付けてあり、社員のタイムレコーダーもあったが、私が入社後、いずれも廃止してしまった。遅刻、早退思いのまま、ということではタイムレコーダーなど不要といえるからだ。

上司から叱られることはなく、給料、賞与にも影響なし、まさに棲《す》みよい会社ではある。しかし、これでは、いずれはだれも棲めない会社になることは必条。規律を守らせることによって上も下も、厳しいが働きがいのある会社に変えなければならない。そのためには、責任を明らかにし、賞すべきものは賞し、罰すべきものは罰すということを徹底する必要がある。

上が下を直すために罰を加えようとするなら、まず自らを正すことから始めるべきだろう。そこで関係した会社が重体に陥ったとき、まず社長以下役員の責任追及から始めた。期末役員賞与をゼロにすることは当然だが、これに加えて役員報酬二十％削減。さらに社長の発言で十四人の取締役を五人に減らすことになった。

その際私は、社長に苦言を呈した。社長の肩書が取締役社長のままということでは責任をとったことになっていない。われわれも副社長、専務、常務を返上し、平取締役になる。ついては社長の肩書を取っていただきたい。代表取締役にすればいいでしょうと。

さらにその後「残った五人の取締役は責任をとるため坊主になるべきではないか」と口を滑らしてしまった。副社長はどうする、とささやかれて気づいた。ヤカン頭では責任の取りようがないからすぐに取り下げたが。

この発表をみて社員に声あり「ずいぶん思いきったことをやったな」と。

親が正しくすれば子も正しくなる。トップが正せば下みずから正すことになる。会社の再建を果たし、創業三十年記念と合わせ祝賀会を開いたとき、会社の再建などというものは、「まず隗《かい》より始めよ」ではないが、「まず幹部自ら己を罰することより始めよ」ということになるのではないかと話したことがある。

ところで「隗《かい》より始めよ」の故事は、次のようなことである。

中国戦国時代といえば強国秦の他に燕《えん》、趙《ちょう》、韓、魏《ぎ》、斉《せい》、楚《そ》の七カ国が覇を競っていた時代である。燕の国は斉の国に攻め込まれ、七十余城を失い滅亡の危機にさらされていた。燕の昭王は、失地挽回のため広く天下の人材を求めたいと考え、郭隗《かくかい》という食客に相談した。郭隗はこう答えた。

私はこういう話を聞いております。むかしある王が、一日千里を走る名馬を求めるよう近臣に命じました。命を受けた男は、千里の馬の所在を知り、尋ねて行ったところ、すでに死んだという話。するとその男は千里を走ったという馬の骨を五百金もの大金を出して買って帰りました。王は怒りました。するとその男は、「死馬の骨でさえ金を払うようなら、生きた千里の馬ならさらに一層高い値で買ってくれるだろうと考えて千里の馬を売り込みにくるでしょう」と答えた。果たして一年も経たないうちに千里の馬を三頭も求めることができたといいます、と前置きしてこうつづけた。

「今、王誠《まこと》に士《し》をいたさんと欲せば、先ず隗より始めよ。隗すら且《か》つ事《つか》えらる。いわんや隗より賢なる者をや。あに千里を遠しとせんや」。

つまり「そういう話もあるのですから、君が天下の有能な人物を求めるとするなら、まずこの郭隗《かくかい》を重く用いたらどうでしょう。そうすれば燕では郭隗の如き者まで重く用いられているから、自分はもっと重く用いられるに違いないと考え、天下の人材が千里の道も遠しとせずに馳せ参じましょう」と。

昭王も賛成し、郭隗のために黄金台と称した御殿を築き、師父として礼遇した。

これを知った天下の賢才がわれ先に燕に集まり、その中には趙から楽毅《がっき》が、大政治家の劇辛《げきしん》がくるという有様。その楽毅は総大将を委せられると、たちまち斉に奪われていた七十余城を取り戻してしまったという。

つまり優秀な人材を集めるには、先ず自分のような平凡な者を重用すること、ということが本来の意味であったが、転じてわが国では、何事もまず自分から始めてみせよ、自分から積極的にやり始めなければことは始まらないという意味で使われている。

天網恢々疎《てんもうかいかいそ》にして漏らさず

あるセミナーでこう話したことがある。

トップが過ちを犯しても誰も罰するものはない、許されるからといって過ちを改めないと、天自らトップに罰を科すことになる。

「天網恢々疎《てんもうかいかいそ》にして漏らさず」とか。これは老子の言葉だが、すべてを包み込んでいる天の網の目はあまりに広大で一見粗いようだが、けっして悪を見逃すことはないという意味だ。

天網とは悪人を捕えるために天が張り巡らせた網である。トップを正す者はいないようだが、実は天が代わってこれを正すようである。誰にもわかるまい、わかるはずがないと思ってやった悪事も、いつのまにか、どこからともなく知れ渡る。このくらいのことなら知られても罪にはなるまいと思っていたことが大事件に発展したこともある。業績不振や窮地によるトップ失脚は、天がトップに与えた厳罰であって逃れることはできない。

ところが他人にはわからないまま、いつまでも悪事が露呈しないので、天が見逃しているかのような場合がある。しかし偽りや盗みなどをすれば必ず罰を負わなければならない。天は自分で自分を責める罰則まで用意しているからだ。つまり人から咎《とが》められなくても、自分自身を咎《とが》めることで償わねばならないことになる。

これは私の怠慢の悔いでもある話だ。

小学校六年の理科の時間の時であった。島田虔三《けん》という顎鬚《あごひげ》を長く伸ばしていた先生だったが「この学校は貧乏で理科の実験用具もない。君たちが大きくなったら買って学校へ寄付するんだな」と独り言のように言っていた。

そのとき私は、「よし、大きくなったら自分が必ず寄付する」と考えた。しかし自分との約束を守ることができないままでいた。

それから約五十年後のことである。その先生の息子が東大を卆《お》え三井物産勤務となり商用で私の事務所にやってきた。しばらくお父さんである先生の思い出話に花を咲かせたが、話している間、何となく引け目を感じてならない。半世紀もむかしの理科教材の話など相手は先生から聞いているわけでもなかろう。相手に引け目を感じるのは、自分で自分の約束破りを責めているのである。八十年後のいま、約束を果たしに学校を訪れても、もうろく爺の戯言《ざれごと》にされ聞いてくれまい。

私の約束破りは、死ぬまで負っていなければならない。

私の老後の趣味は野菜や果実の栽培。春、秋の農繁期（？）には猫の手も借りたくなる。屋敷内の雑草退治に苦労するが、取っても取っても生えてくる。つい意地になってやり過ぎ肩を凝らす。それが嵩《こう》じて炎症を起こし、激痛となる。寝ても起きても痛みは止まらない。そのときは二度とくり返すまいと思うのだがノド元過ぎるとまたやり過ぎて同じ苦しみとなる。その度毎に家族から注意を受けるのだが、性懲りもなくまたくり返している。これを知ってか、近ごろは天が代わって自分に罰を加えているらしい。何度も同じ罪を犯している重犯に、天は激痛期間を長くしている。

明明《めいめい》たる上天《じょうてん》、下土《かど》を照臨《しょうりん》す

「天知る地知る我知る子知る」という故事がある。

後漢六代安帝のころは宦官《かんがん》がはびこり、官僚も腐敗した時代であった。そのころ楊震《ようしん》という男がいた。清廉潔白で博学、当時関西《かんせい》の孔子といわれるほどであった。

この楊震が郡の長官に任命され、赴任の途中宿に着いた。その夜遅く縣令《けんれい》（縣は郡の下位の王密《おうみつ》が秘かに訪ねてきた。王密はなかなかの秀才で縣令に抜擢されたほどの人物であった。その王密《おうみつ》が、むかし恩を受けたお礼ですといって金十斤（今の金でいくらに当たるか計算のしようがない）を差し出した。楊震《ようしん》が王密の秀才を見込で昇格させた恩に対してである。

楊震は「君は私の見込みどおり縣令に抜擢された。これで私に対する恩返しは十分ではないか」と返した。

それでも王密は、「いまは夜中、それにこの部屋には二人きりで誰にも知られる心配はありませんから」とかねをムリに押しつけようとした。しかし楊震は、「誰も知らないということはなかろう。まず天が知っている、地が知っている、それに君も知っておれば、私も知っているではないか」と拒んだ。これがこの文句のいわれである。

私の銀行時代、融資担当常務であったころの話である。

借入申し込みを受けていた昔からの取引先から大きな額縁にはいった絵が届けられた。包装も取らず返すよう秘書室長に頼んだ。返す理由を「掲げる場所がない」としたが、再び持ち込まれることはなかった。

後日ある人にこの話をしたところ「貰っておけばよかった。相当値打ちものだったらしい、惜しいことをした」と言われたのでこう話した。

「私は絵は嫌いではないし、自宅に掛ける場所はいくらでもあるが断った」と言って、こんな話をしておいた。

中国のむかし、魯《ろ》の国の宰相、公儀休《こうぎきゅう》という人は大の魚好きであった。それを知った国中の者が争うように美味しい魚を買って届けてきたが、彼はそれを受け取ることはなかった。見かねた弟が、好きな魚をなぜ断るのか、わけを聞いたところ答えはこうであった。

「好きだから断るのだ。受け取れば礼も言わなければならないし、無理も聞いてやらねばならないこともおきてくる。そういうことをすればたちまち露見して失職になる。職を失えば誰も好きだからといって魚を届けてくる人もいなくなる。買って食うこともできなくなる。こうして魚を受け取らなければ免職にもならず、いつまでも買って食べることができるからな」と。私もそのためか、その後八年間も現職に止まることができた。

また、こんなこともあった。銀行退任後ある市の行政委員長を勤めたことがあった。あるとき市長と秘書が収賄の罪で警察の取り調べを受けた。その事件に関連していた行政委員長として私も疑いを受けて、警察は他の委員などに多くの聞き込みをしていたらしかったが、私のところには一度も現れていない。

これも銀行の常務時代であるが、銀行のトップが贈賄容疑で逮捕され、銀行の幹部の多くが取り調べを受けたが、私は一度の呼び出しも受けていない。時の当局は、天の示した名簿に従っていたとしかいいようがない。

中国最古の詩集である詩経《しきょう》に「明明《めいめい》たる上天《じょうてん》、下土《かど》を照臨《しょうりん》す」とある。明るかな天は下界を照らし臨《のぞ》む、つまり天の神はいつも下界の人の様子を見て賞罰を下しているという。だから自分を偽ることさえできないともいえよう。

社長の六敵

トップが部下の信頼を失う原因のひとつに賞罰の公私混同がある。

賞罰を行う場合最もトップが心すべき点は、公を後にして私を先にすることである。「私事を以《もっ》て公事を害せず」という教えがあるが、トップ失脚の多くは、私事を以て公事を害している点にある。

これについて斉の宰相管仲《かんちゅう》はトップの六敵として、次のように注意を促している。

昔から明君といわれた人は、三つの手段を使って国を治め、常に六つの敵を警戒していた。三つの手段とは命令、恩賞、刑罰で、明君は六つの敵に勝ち、三つの手段をよく使いこなしたから立派に国を治めることができた。暗君は、これを良く用いなかったので天下を取ることも叶わずかえって国を亡ぼしている。

さて三つの手段を用いるとはどういうことか。

命令によって部下を使い、刑罰によって民衆を威圧し、恩賞によって奮起させることである。

次に、六つの敵とは何者か。
一、相手が親戚、高官であれば命令に反しても罰しない。
二、相手が金持ち、可愛がっている女性であれば禁令を犯しても処罰しない。
三、相手がへつらい人間や、道楽仲間であれば功績がなくても恩賞を与える。
つまり、親戚、高官、金持ち、愛妾、へつらい人間、道楽仲間の六つだ。

そして管仲はこう説明している。

命令にそむいても咎《とが》めを受けない人間がいる限り、命令は部下を動かす効力をもたない。

禁令を犯しても処罰されない人間がいる限り人々を威圧する動力をもたない。

また功績がないのに恩賞にありつける人間がいる限り恩賞は人々を奮い起たせる効力はない。

命令が部下を動かす効力をもたず、処罰が人々を威圧する効力を持たず、恩賞が人々を奮い起たせる効力がないとすれば、人々が国のために心から尽くすということもあり得ない。

では明君は六つの敵にどう対処したか。

相手によって命令を変えることをせず、刑罰に手心を加えず、恩賞もその功に応じて与えたのである。明君はこうしたからこそ人々は心を一つにして力を合わせたから大成することができたのであると。

泣いて馬謖《ばしょく》を斬る

以上に関連した二、三の体験をのべてみたい。

現職時代、社長から相談ともなく話があった。

ある大都市駐在の、指導監督の任にある人間が三、四十万円の経費を私用に使っていたことが監査役の調査でわかった。この処分をどうしたものか考えているところだ、どうしたもんだろう、とつぶやいていた。

その男は、口も八丁、社内で最も目立つ存在で、いずれは取締役昇任も近かろうと思われた人物であった。それだけに社長も判断しかねていたと思われる。

そこで私は返事ともなく「三国志に出てくる諸葛孔明《しょかつこうめい》は、涙をふるって馬謖《ばしょく》を斬ったという昔話がありますね」。社長は私の言わんとしている意味を理解したと思われた。

「そういうこともありますね」と言うなり電話を当人にかけ「すぐ本社に来るように」と言っただけで電話を切った。

夕刻当人が現れたのに対し「理由は君のほうがよく知っているはず。もう任地に帰らなくともよい。五階に空席があるから、そこにおればよい」「仕事は何をするのですか」「何もしなくともよい」。

これで一件落着となったのであるが、社長としては、創業に協力した有力有望の部下に断を下すには忍びなかったろう。しかしこの点だけは社長に鬼になってもらわなければならない。孔明は涙をふるって馬謖を斬った。涙は見せなかったが社長も孔明の思いであったことは疑う余地はない。

この故事は十八史略にでてくる。

三国志を飾る蜀《しょく》の諸葛孔明が魏《ぎ》の軍を率いる司馬仲達《ちゅうたつ》と祁山《きざん》に相対したとき、蜀軍の輸送路にあたる街亭《がいてい》を馬謖に守らせた。孔明はその策として山麓の道を死守せと示したが、馬謖は地形を見て、山麓より有利と見て山頂に陣を敷いた。魏軍はこれを見て山麓を囲んで水路を断ってしまった。馬謖《ばしょく》の軍は水を求めて山を降りたところを攻められ大敗してしまった。いわば命令違反である。当然に死罪に当たる。蜀の本隊から来ていた使者は、馬謖のような前途有為な青年将校を斬っては国家の損失として思い止まるよう説いたが孔明は、彼を斬ることは国家の損失に違いないが、斬らねばさらに大きな損失を国が招くことになる、といって刑吏に即刻斬るよう命じた。馬謖が刑吏に引かれるのを眺めた孔明は手で顔を覆い、床に伏して泣いた。孔明の心情を知って泣かない者はなかった。

孔明は馬謖を斬ったあと、遺族には何不自由なく暮らせるようにしたとあるが、公私を混同するようなことはなかったのである。

罪を見るに拡大鏡を用いるな

公私混同といえば、罰するトップの感情によって刑を重くしたり軽くしたり、という例も少なくない。

同じ過ちを罰する場合にしても、あの男はどうも前々から気に食わなかったからとか、あの男は好感がもてるからなどとして、同じ罪を犯しても罰に差をつけるなどは、トップ自ら罪を犯しているといってもよい。罪を軽くするか重くするかは社長の気分次第などと社員にささやかれるようでは、社長の権威も地に墜ちるだろう。

むかし犯した小さな罪、しかも償いも終えたような罪まで加えて、軽重を判断している向きもないではない。

現職時代、私は賞罰委員会のメンバーに、賞を見るには虫メガネを用い、罪を見るに拡大鏡を使うなと話したことがある。小さな賞でも見逃さないために虫メガネをかけ、罪を見るには拡大鏡を用いるな、つまり罪は大きく判断するな、ということである。

これは中国、唐の二代太宗にかかわる故事である。

太宗には一頭の愛馬がいた。宮中に馬小屋を設けるほど可愛がっていた。ところがその馬が突然死んでしまった。太宗は馬役人の手落ちを死の原因と考え、担当の役人を死刑にしようとした。馬の可愛さが一時の怒りとなって爆発したのであろう。

これを知った太宗の皇后が諌めた。

昔、斉の景公にも愛馬がいた。その馬が死んだとき、これは馬役人の過失と即断し役人に死刑を宣告した。それを知った宰相の晏嬰《あんえい》は公の許しを得て、役人の罪状を数え上げ、その役人を前にこう話した。

「そのほうが、どのような罪を犯したか、言って聞かせる。

その第一は、ご主君の愛馬の世話を委せていただいている恩を忘れて殺してしまったことである。

第二は、わが君にたかが馬一頭のために人間一人を殺したことが人々に知られたならすべての人々の怨《うら》みはわが君に集中するであろう。

第三に、このことが諸大名に知られたらわが国を軽べつするようになろう。

そのほうの犯した罪はこの三点である」と言い渡した。

これをそばで聞いてた景公はその役人を許したといいます。どうかご再考をと。

皇后の諌言《かんげん》で目の覚めた太宗は、役人を許した後で、重臣の房玄齢《ぼうげんれい》に「皇后は私の至らない点をよく指摘してくれた。なんともかけがえのない女だ」と語った。

この話は、唐の太宗の言動をのべた貞観政要《じょうがんせいよう》という書にあるが、太宗はよく多くの諌言を用いていたようだ。

私はこのくだりを読んだとき斉の晏嬰《あんえい》の言葉に強い関心を抱いた。すなわち、「上に立つ者が常に心したい点は、自分の感情を挟んで物事を判断してはならない」ということである。

死んだ馬は再び生きかえることはないのに、その代償として生きている人間を殺す不合理、不徳の行為は、すべての人々の不信を招き、ついてきた人もはなれる、ということを教えていることに思い至ったものであった。

言い換えれば、いまの会社にしても、どのような人望があり、部下から慕われていた人であっても、小さな不徳不義の行為をすれば、一斉に部下の心は離れていくということである。

昔の銀行時代、上の信任も厚く、部下からも慕われていた総支配人がいた。その奥さんが死んだとき、奥さんの口を強引に開け、釘抜きで金歯を引き抜いたというおぞましい噂が走った。

当時金は貴重なものであったから棺桶と一緒に焼いてしまうのは惜しいということなのだろうが、とてもじゃないが人々はそれを許すまい。死人の金歯を抜くことは、大衆の面前でなくても、決してするものではない。人に隠れて、思わずしてしまったに違いないが、悪事千里を走り、翌日にはわれわれの耳にさえ届いている。

このためばかりではなかろうが、自他共に許していたと思われる役員の道も閉ざされ、終わりは病気で苦しむようになっている。一本の金歯、それも死んだ愛妻から奪った金歯に洋々たる前途も、得難い栄誉も、自分の身体まで奪われている。

それ以上に奪われた大きなものは、周囲からの人望ではなかろうか。

三　賞で人を活かす

心はひとつの割普請《わりぶしん》

賞を掲げて部下を励ます例は多く見られるが、ここでは、有名な秀吉の三日普請《ふしん》をあげてみたい。

あるとき、織田信長の居城、清洲城の土塀が台風によって崩れた。

信長は、工事奉行であった山口九郎助なる者に修理を命じたが、二十日たっても出来ず、あと三十日はかかるという。

そこで信長は、当時、木下藤吉郎と呼んでいた秀吉に、「おまえなら何日で完成できるか」と聞いたところ、秀吉は五日か六日もあれば仕上げることができますと答えた。

三十日もかかる仕事を五、六日で完成とは無謀きわまりない返事と思ったが、信長は秀吉に後の工事を命じた。

秀吉（藤吉郎）は山口九郎助のやり方と全く違った方法で取り組んだ。

藤吉郎は、山口が権力と暴力によって働かせようとしていたが、職人たちは要領よくサボっていたものと察し、逆に、彼等の意見に耳を傾け、いわゆる民主主義現場管理とでもいえるような、働く人たちの心に副《そ》うやり方をとった。

まず、工事未了の個所が百二十間（約二百四十米）ということがわかった。

一間を仕上げるのに熟練工が三人必要という。一日三百人かければ百間できる。百二十間を一日で仕上げるには三百六十人の熟練工が必要だが七十人きりいない。七十人なら約五日で仕上がるという計算が成り立つ。

藤吉郎はこうして計画をたてた後で棟梁たちを集めて会議を開いた。

そしてこう切り出した。

「一日の賃金は百文だ。かりにこの工事を一日で仕上げたら三十日分の三貫を支払おうではないか。もし六日で仕上げたら一日五百文ずつ支払い。五日で仕上げたら一日六百文ずつ支払おう。早く仕上げてたくさんの賃金を得たいと思わないか」と提案した。

「返事を聞くまでもない。だらだら三十日働くより、短い時間働いて同じ賃金が得られるなら力の続く限り働いて早く仕上げ、三十日分の収入を得るに越したことはない」。藤吉郎は、こうして彼等のやる気を一気に盛り上げた。また、棟梁の希望で雑役夫の雇い入れも聞き届けるなど、彼等の意気込みの助長に努めた。

次は組織作りである。百二十間を十組で分担、一組で十二間の工事完了を競わせた。

十組の責任者にはそれぞれ「下奉行」の肩書を与えた。栄誉と共に責任の自覚を促したわけである。

「心はひとつの割普請《わりぶしん》」をモットーにチームワークにも心をくばり、藤吉郎自身も現場を見回っては、「非常の場合であるから、休み時間を返上した者には別に手当をつかわす」「仕事の終わった者は酒食の用意がしてある。タラ腹食ってグッスリ眠れ」と励まし、ねぎらった。

こうした藤吉郎の心に応じて全員が猛烈と仕事に取り組んだため予測していた五日より二日も早く、三日間で仕上げてしまった。山口九郎助の権力は藤吉郎の頭の力には遠く及ばなかったのである。

肩書で発奮させる

秀吉は棟梁たちに「下奉行」の肩書を与えて、上司、責任者としての自覚を促したというが、これと比較にもならない話だが、私も再建会社を分社したとき、若い係長に「取締役」の肩書を与えた。

前にものべたように、経営不振のために社員は希望を失い、やる気を失い、生気さえ失い、聞こえるものは社員の溜息といえる状態であった。

こうしたとき藤吉郎のように高賃金で刺激して高能率を図るという考えは出るが、手許不如意ではいかんともなし難い。そこで、別項でものべたように販売店を中心に分社経営とした結果、四十社ほどの独立会社を設立したわけである。このとき肩書をつけることによって発奮を促した。四十社の独立会社となれば、一社三人としても最低百二十人の取締役が必要となる。販売店は若い社員が大部分を占めている。勢い取締役には若い社員からもということになる。

「馬子にも衣裳」という失礼な文句があるが、人は、立場や身分など環境が変われば立ち居振る舞いから言葉使いまで変わってくるものである。

一係長から取締役にでもなれば、若くてもそれ相応の心の持ち方になる。肩書ひとつでやる気にもなれば、やる気を失うこともある。そこでスポーツではないが、まず取締役という銅メダルを与えて、銀メダル、金メダルを望ませるという方法をとったわけである。また一挙に常務、副社長ということでは荷が重すぎて、かえって自信喪失になるマイナスを考えたからである。

優秀な成績をあげた取締役は、より大きな兄弟会社に栄転させる。常務、専務の肩書も用意してあるし、子会社の社長、あるいは親会社の役員の席も用意してある。実際に販売店の一係長から、私の在職中に、本社の常務にまで昇格した者もあった。

ある係長は取締役の内示を受けた翌朝には取締役の名刺を作ってしまったという話も聞いたし、家内の顔つきまで変わって見えるとのろける者もいた。いずれにしても発奮する者が続出して、現場の志気が一挙に上がった。

企業マンとして最初の肩書ほど感激することはない。私も銀行時代の最初の肩書は「支配人代理心得」であった。心得は役付資格の俸給、年令が規定に達していなかったからである。女房の実家から洋服タンスがお祝いとして届けられた。洋服が入っていないと冗談言ったら女房いわく「代理心得が取れたら父に話します」と言っていたが、いまだに洋服は届いていない。

賞の前渡し効果

賞を受けるには、成果を示すことが条件となる。

ところが万事成果が得られるとは限らない。いくら戦功をたてたとしても敗戦となれば賞金どころか生命さえ危うくなる。事前に賞を受けておけばそれらの心配は全くなくなることになる。

源頼朝は先陣を誓った梶原景季《かげすえ》に愛馬「するすみ」を与え、さらに、その先陣を約束した佐々木高綱に生唼《いけづき》という名馬を与えて、梶原と競わせて戦勝している。負ければ、愛馬もなにも役に立たなくなる。勝てば天下の名馬を集めることも容易になる。

豊臣秀吉は命を受けて備中に出陣していたが、信長の死を知るや直ちに引き返し、城中の蔵を開いて米、金銭を将兵にあらかじめ分配し、山崎に出陣して明智光秀を破っている。これは将たる者の必勝の決意を示すとともに、必死の覚悟を示したもので、大いに部下の志気を高めることになる。

名宰相の管仲《かんちゅう》が年間の税収分にあたる報奨金を、まだ戦功をあげていない将兵たちに前渡ししたことは別記にのべたとおりである。ここでその話に補足しておきたい。管仲はかねを前渡ししただけでなく、感謝の心も前渡ししたのである。

敵陣に攻め込めばいくら、敵の大将を斬ればいくらと報奨金の額を決め、名乗り出た者にその場で与えた後、管仲は全軍の将にこう指示した。

「部下を手厚く遇してほしい。兵卒百人の長には必ず正礼を返し、千人の長には必ず見送って出て、階段を二段下りて礼を返せ。また、彼等に両親があれば酒四石と肉四鼎《てい》を与えよ。父母がなければその妻子に酒三石肉三鼎《てい》を与えよ」と。

かくして半年後、父は子に、兄は弟に、妻は夫に「これほどの恩を受けているのに、いざ戦争のとき戦死もしないで、おめおめと故郷に生き恥をさらすようでは困りますよ」と言うようになった。

さて桓公が兵を挙げて萊《らい》を攻めると、敵は斉軍の志気の高さに驚き遁走してしまい、戦わずして萊の領土を併合してしまった。

それにしても、将たる者に「部下に対して礼を尽くせ」という管仲の行き届いた指示には驚かせる。努力と腕力で人を用いようとしている人にはこうした知恵は出てこない。賞の前渡し効果は、物品を事前に与えるだけでは半分の効果きり期待できないが、感謝すなわち礼を添えることで十分となる。賞を与えて恩着せがましくそり返っているようでは人の上に立つ資格はない。

恩を与えてさらに礼を尽くすから、受けた者は心から服すのである。その点管仲は部下の心を憎いまで知り尽くしている。これではよほどの変人でも従うことになるだろう。

再建途上での賞の前渡し

現職時代、前渡し効果を目の当たり見ることの出来たのは、別項でのべた再建五ヶ年計画「目標ゼロ・一・二・三」の三、つまり、社員ボーナスを年三回支給することを一番早く実行したときのことである。

他の目標である無借金（ゼロ）、一部上場（一）、二割配当（二）のいずれの目標に目鼻もついていない時に、三回目の賞与だけを真っ先に出してしまった。会社としては賞の前渡しに他ならない。

ただしこの臨時賞与は、本社の社長以下監査役までの役員には及んでいない。功の配分はまず下から上にという常識に従っただけであったが、社長以下の役員報酬は二割カットのままであったから、社員にとってはあるいは常識外れと感じたかも知れない。

しかし役員の報酬カットはそのままに、わずかな余裕をまず社員の賞与にまわしたことで、この困難なときによくぞ頑張ってくれたという、経営陣の社員への感謝の気持ちが伝わることとなった。そして支給額は平均〇・五ヶ月とわずかであったのに、社員の志気はいやがうえにも高まっていった。

ただその間にはこんなこともあった。人事担当とボーナスの協議をしていたとき、担当責任者が「くれてやる」という文句を用いていたので注意した。物乞いをする人にさえ、こんな文句は言い控えるだろう。まして賞与には社員への感謝の意味が多分に含まれている。会社からのお礼としての賞与と考えるべきではないか。お礼をするのに、くれてやるでは格好がつくまいと言っておいた。

また人を用い活かすには、賞を欠くことができないのであり、いつでも賞が出せるように用意しておくことが大事だとも話した。その時、大の男の前で童謡の桃太郎を歌ったことがある。「桃太郎さん桃太郎さん、お腰につけたキビ団子、ひとつ私に下さいな」というあの歌である。

桃太郎は「私に着いてくるならあげましょう」と言って、道中でたまたま出会ったサル、キジ、イヌに、その都度、すぐにご褒美を渡している。

つまりいつ、どこでも賞を与えることができるように用意を怠るべきではない、またすぐ褒美を与えるからこそ効果があるということをこの童謡は教えてくれると話しておいた。

私はこの件を別記したとき社員の悦ぶ姿をのべたが、この悦びはさらに大きな気力となって効果をもたらすことになる。配分は業績比例で、各子会社、各部門毎に業績の良好と不良とでは大きな差をつけての支給であったが、少なかった社員からの不平も起こらず、むしろ競争意欲を高めている。

三回目の賞与を支給した直後、新年度の設備計画申請額に異変が起きた。

額が従来の十倍にもなっている。それまでは古びた機械を新鋭機に買い替えよ、工具も新しくなどと号令しても、あきらめムードに覆われていたためか更新を求めても、どうせ却下

される と応ずる者はいなかった。

社長が「例年の十倍とはうれしい悲鳴だが、これで購入資金の手当が心配になる」と私への相談ともなく話したのでこう答えておいた。

「十倍の資金でも安いものですよ、生産を効率化し、担当社員の志気を振い立たせることになりますから」と。果たして、この計画はすべて五ヶ年計画通り果たすことができた。それに要した費用は〇・五ヶ月相当のボーナスでしかなかった。

会社の再建成って退《しりぞ》く時考えたことであったが、企業浮沈を決するものは志気、つまり関係する人々のやる気である。そしてその志気をいかにして高めるかが、将の将たる者の資格であると。

賞の与え方

総じて人は賞を受けて、腐ったり滅入ってしまうことは少ないようである。

現職時代私は人を褒めるのが上手だと言われたことがある。別に表彰状、感謝状を渡したこともなければ、賞品を与えたこともない。ただ私は、もっぱら当たり前のことを褒めたに過ぎない。それも、すぐその場で褒めるだけだ。ところが人は万言を費やすよりも一言に感激することが多いものなのである。

兵法家の呉起《ごき》に次のような逸話がある。

呉起が魏《ぎ》に仕えていたころ、秦との国境近くの知事に任命されたことがある。赴任してみると秦領内に砦があり、そこを守る兵士が、わが領土内を荒らしているのを見て、この砦を取りつぶしてしまおうと考えた。

呉起は一計を考え、まず立て札を出して布告した。

「東門においてある車の梶棒《かじ》一本を西門まで運んだ者には家屋敷を褒美として授ける」というものであった。棒一本運ぶぐらいは誰にも出来るのに家屋敷とは、と人々はいぶかったが、一人の男がこれを運んだ。呉起は布告どおりの賞を与えた。

次に、赤豆一石を南門におき、「これを北門まで運んだ者には家屋敷の賞をとらす」と布告した。

これも果たした人間に与えた。

次は本番である。三度目の布告は「明朝秦の砦を攻撃する。一番乗りした者は重く取り立て、一層立派な家屋敷を賞として与える」と布告した。

翌日になると人々はわれ先に砦を攻め、たちまちのうちに取りつぶしてしまった。約束どおりの賞を与えたことはいうまでもない。

この話でもわかるように、賞を与える条件は第一に、誰にもできることに賞を与えること、言い換えれば、誰でも賞は得られるのである。

第二に、賞に値打ちがあることである。

たとえば一億円売り上げた者に百万円の賞を与えるということなら、誰もがやってみようとなるが、五千円や一万円では、バカにするにも程があるということになる。

第三は約束した賞は約束どおり与えることである。

一人一億円売り上げたら海外旅行の褒美を与えると約束しておきながら、時節柄近くの温泉の一泊旅行にしようということになっては、やる気さえ失われることになるだろう。

ある会社でのこと、私が何かの功で表彰を受けることになり、賞状と賞品の目録を渡してくれた。社長が「いまは目録だけだが、本物は届き次第渡します」と。しかし見るとわざわざ目録にして仰々しく扱うような品物ではなく、たまたま手配を忘れていたとしか思えない。

いかにも形式的に褒賞する姿勢が見えてしまっている。

「いま目録でいただくほうが嬉しいです、目録なら楽しみが先まで延びますが、本物では、いまここでガッカリしてしまいますから」と笑ってすませたが、どうせ賞を与えるなら、貰った人がその賞の値打ちに、また賞を与える心に感激するようにすべきだろう。与えて落胆させるような賞なら意味はない。

四　必賞必罰との闘い

必賞必罰の鬼となる

公平な必賞必罰は、トップにとって最も不可欠の任務であるが、最も行い難いことでもある。

別項でものべたが、管仲《かんちゅう》の指摘する「親族、高官、財産、女色、追従、道楽」の六つは、トップにとって敵とみなしてもよいほど警戒しなければいけない。すなわち、

相手が親族、高官であると命令にそむいても罰しない

相手が金持ちや、愛している女性であれば禁令を犯しても処罰しない

相手がへつらい人間や道楽仲間であれば功績がなくても恩賞を与える

ということで、いずれも古来からトップの鶴の一声で公私混同しがちなものである。

オーナー経営者の中には「このくらいのことは世間でよく行われていることで格別とがめ立てすることもあるまい」と考えがちな向きもあるが、影響するところは大きく、当たり前

ぐらいではすまされなくなる。

「このくらいのこと」と手心を加えたが最後、必賞必罰も有名無実になれば、部下は規律・規則に背いても罪悪感を次第に感じなくなって、賞罰の効果も期待されなくなるからである。

だからこそトップは、賞罰の実行に際していかに公平な必賞必罰ができるか、つねに自己との闘いを迫られていることを重々知っておかなければならない。

自分の会社だから自分の好きなようにやると公言してはばからないトップに会ったことがある。「俺のルールだ」とうそぶくトップもいた。いずれもその事業は人の手に渡っている。

必賞必罰を公私混同しないためには、私を捨て、時には鬼にならなければならない。

別項で孔明が私情を捨てて馬謖《ばしょく》を斬り、私も関係した会社で恩のある幹部を左遷したことをのべたが、上に立つ者が好んで、あるいは一時の感情で厳罰を課すわけではない。私を捨てて公を先にしているからできることだ。

銀行の人事課長であったころ、部下が不始末をして退職を余儀なくされたが、それをかばうことはせず、退職後の再就職に走り廻ったこともあった。かばわなかったのは公事での不始末、しかし再就職に努力を尽くすことは私事であると考えたからである。

トップが公私混同せずに必賞必罰の鬼になれば、福は招かずとも入ってくるものである。

功の軽重判断

組織が単一であれは功罪の判断も容易になる。販売部門が一つであれば成績順位も判断しやすくなる。

しかし組織が複数になると判断が難しくなる。生産、販売部門はしやすいが、人事経理など管理部門を含めると採点も困難になる。多くの企業を見ても、生産、販売部門に対する評価がしやすいためか、表彰対象はもっぱら業績比較の容易な生産、販売の直接部門に重点がおかれている。

極端にいえば間接部門などは直接部門の補助機関ぐらいに考えているからだろう。

昔の軍隊には輜重輪卒《しちょうゆそつ》という部隊があった。兵役期間三ヶ月で兵器弾薬、食糧輸送が任務で、口の悪い連中はこれを評して輜重輪卒が兵隊ならば電信柱に花が咲くと歌っていた。輜重兵がいなければ、撃つも食うこともできなくなるが、直接敵と戦うことがないから、こうした悪口になったのではなかろうか。

織田信長が桶狭間で今川義元を討ったとき、第一功者を誰としたか。誰しも義元の首を挙げた毛利新助と思っただろう。しかし信長は、今川義元が桶狭間で休憩中という貴重な一報を伝えた梁田正綱《やなだまさつな》を戦功第一として三千貫の賞を与えたという。

また、十八史略によると、西漢の高祖劉邦が楚の項羽を破って天下を得たとき、功臣に賞を与えている。このときの戦功第一を蕭何《しょうか》としている。

劉邦が天下を取ったのは張良、蕭何、韓信がいたからだと三傑を称えたとき、「国をよく治め、人民を可愛がり、兵糧を送り、輸送路を確保して絶やさないようにする能力は、自分はとても蕭何には及ばない」とのべている。蕭何《しょうか》は現在の組織でいえば間接部門、後方部門の責任者であった。それが第一の功労者として選ばれたのであるから、第一線で戦ってきた直接部門から不平不満の声が高まることは当然。

「われわれは常に武装し、多い者は百余戦、少ない者でも七十余戦に参加している。これに対し蕭何は、記帳、計算、議論に終始して一度も馬に汗をかかせたことはない。にもかかわらず戦功第一とは納得しかねる」と。

これに対し劉邦はこう説明した。

「諸氏は猟を知っているだろう。獣を追って殺すのは犬であるが、その犬を紐から解き指図するのは人間である、今までの戦功にしても猟にたとえれば、諸氏は人間に指図されて獣を捕えた犬の功に過ぎない。蕭何はその犬を解き放ち指図した人間としての功績である」と。

これには反論する者はなかったとある。

今時、第一線で働く人たちを犬扱いしたらただごとではすまされまいが、その時は一同一言もなく平伏してしまったらしい。

私はバブルが崩壊した後、ある本にこう書いた。

人事、経理などの間接部門を軽視する向きもあるようだが、これは大きな間違いである、軽視しているから人材もおかず、権限も与えずということであったから、バブルの濁流の中に巻き込まれてしまったのである。

しかし、その無視されてきたかのような経理、人事部門が、いま濁流から会社を救い出す役割を果たしている。バブル後の不況脱出に、リストラという名のもとに会社を危地から脱出させる大役を果たしたのは、いずこの部門であったか。危地脱出の第一の戦功者は平成の世の蕭何《しょうか》であったのであると。

ところが現在でも、人事部など社員の出退社を管理していればいい、経理部は真面目に金庫番をしていれば足りる程度きり考えていない向きもある。

出退社管理や金庫番の仕事は、近年ではすべて機械が片づけている。人間である社員は知恵をしぼった頭脳管理者でなければならない。

したがって間接部門もちゃんと評価せよといっても、機械を駆使して成果をより多くあげた者に与え、ただ機械を見守っている向きには与えることはない。現職中私が人事、経理担当者を功労ある者として認めたのは、機械的に計算を正しくしていたからではなく、利益を上げるような指導を社員にしていたからなのである。

昔の小過と今の大功

第二の職場に在籍していたときであった。社長から次のような相談を受けた。

「子会社の社長から、Bという出張所長の能力が抜群で、立派な業績も上げているのでこの際取締役に抜擢したいという内伺いが届いている。よく聞くと、その出張所長は過去に数万円下取り品を勝手に売却して客の接待費に使っているが、そのかねの出入を帳簿に通さなかったことで、賞罰委員会でけん責処分を受けた。正当に使われているるが、一度でも罰を受けた者を取締役にするということで決定しかねている」ということであった。

そこで私はこう話した。

中国の昔、孔子の孫にあたる子思《しし》が衛《えい》公に仕えていたとき、荀変《こうへん》という男を大将に取り立てるように推薦した。これに対し衛公は、あの男は若いころ、物納として人民一人ごとに鶏卵二ヶを取り立て無断で食ってしまった男だ。そういう人間を大将にすべきではないと反対した。これに対し子思は「聖人が人を選ぶにはちょうど大工が木を選ぶように、短いものは捨てて大きな木を選ぶ。長ければ少々朽ちた所があってもそこを取れば使えるからだ。いま戦国の世というのに鶏卵二ヶのためにあたら人材を用いないような不見識なことを隣国に知らすべきではない」と。

これが「二卵を以て干城《かんじょう》の将を棄てる」のいわれだが、「少額支出を返さないぐらいで、あたら人材を用いないようでは、これからの志気にも影響しましょう」と話した。翌朝社長は笑顔で「昨日の件は卵二つと決めました」と言っていた。

そのあとの茶飲み話にこういう話もしておいた。

中国史上の名宰相といえば、斉の桓《かん》公を助けて春秋五覇の筆頭とした管仲だが、そのもとは敵側にいたもので、桓公を弓矢で射殺そうとした人物である。幸い帯の金具に当たって公は命拾いをしたわけだ。こうしたことで桓公は管仲を殺そうとしたが、管仲の親友の鮑叔牙《ほうしゅくが》が進言した。「君が斉一国で満足するなら管仲はいらないでしょう。君が天下を制覇しようとするなら管仲を重く用いるべきです」と。桓公はこれを容れて重く用いついに天下を制したという。

長たる者が現在に満足せず、さらに発展を期しているなら、私怨《しえん》を捨て人材を用いるべしという教えでもあると。

また、これに似た話も加えた。

西漢の劉邦と、楚の項羽が争っていたころ、劉邦に仕えていた韓信が逃げ、項羽のもとに走ろうとした。これを知って追い、引き戻そうと陣中からでたのが蕭何《しょうか》。劉邦は蕭何も共に逃亡したものと思って怒りを爆発させた。

そこへ蕭何が戻ってきて韓信を引き戻すために陣を離れたことを告げた。劉邦は、いままで何人となく将が逃亡しているのに蕭何は一度も追ったことがない。なぜ韓信一人を追ったのかとただした。

蕭何は「王が一地区の大名で満足するなら韓信の必要はありませんが、天下を望むなら韓信を欠くことはできないからです」と答えた。

韓信は重く用いられないことが不満で逃げたという。劉邦が「それでは一方の大将にしよう」と言ったのに対し、「いや大将では韓信は止まりません」。「総大将ならどうか」「それなら止まりましょう」。

劉邦は韓信を総大将に任じ、就任祝賀の宴まで開いた。逃亡兵が一躍、総大将とは前代未聞だろうが、傑人を待望している将の将たる者の心根が察せられる故事である。

ものの本に「万卒は得易く一将を得るは難しい」とかいわれているが、得難い一将を得れば万卒は求めずして集まるという理屈も成り立つのではなかろうか。

ひいきのひき倒し

この項の終わりにのべたいことは、トップの「ひいきのひき倒し」である。

銀行時代のこと、私は頭取の命で「新時代に対応するための銀行経営」というテーマのプロジェクトチームのチーフに任命された。

その中には組織改革まで含まれていた。

本部部長職の序列の平等同列を排し、総務部長の権限を重くし部長職の最右翼に据えることに改めた。この改革が役員会で承認されると、総務部長の椅子に誰が座るか、行内の取り沙汰もにぎわった。チーフであった私は課長でしかなかったので、うわさにも上がらなかったようである。

ところが頭取に呼ばれ内示を最初に受けたのは私で、「総務部長をやれ」と言う。部長、母店長など大勢を飛び越して、新前の課長が行員の最右翼。身に余る光栄ではあるが、破格の出世は身のためではない。その場で私は、こう断った。

「自分で組織を改め、その上席を私がいただいてはかえって銀行のマイナス。他に変えていただきたい」と。少しく考えていた頭取「確かにひいきのひき倒しとなってもまずいか。それでは経理の副部長ならどうだ。副部長なら何人いても文句は出まい」。こうまで言われると、私も副部長を拝命せざるをえなかった。

ところが頭取は、一ヶ月後に私の肩書から副部長の副の字を外し、翌年には総務部長の椅子を与えてくれた。

仕える者として、上司の恩恵に一人甘んじていると、人のねたみを買い、任命者は怨《うら》まれ、ついには信を失い、銀行全体の志気にも影響しかねない。

「急がばまわれ」というが、急がずとも、企業にも任命者にも被任命者にも三方得の時はくるものである。

第五章　全社統率の決め手

一　人は力に服さず

服し従わせる力

現職にあったころ協力会社の社長から相談を受けた。

「若い社員のなかには、規則を守らなかったり、仕事に熱心に取り組まない者がいる。こういう社員に対しては厳しく注意し、それでも聞かなかったら、殴りつけてやろうと思うことがある。こうした場合、どう処置したらよいか」という質問であった。

そこで、こんな話からはじめた。

私の二十才当時は銀行の計算係で、一日の取引を帳簿に記載し、支配人の捺印を受けて一日を終えるということになっていた。

ある日帳簿の記録を終え支配人に提出したところ、十五センチほどのメモ用紙を四ッ折にしシオリにしていたのを見つけ、私は呼び出された。

支配人は静かに、「井原君、このメモ用紙はまだ使っていないものだ。これは僕がメモ用紙に使うから、君は何か別のものをシオリにしなさい」と言って笑顔で帳簿を返してくれた。

そのメモ用紙は出入りの印刷屋さんが無料サービスでおいていったものだが、使えるものを無駄にしてはならないという支配人の教えであったろう。

もし支配人が「使えるメモをシオリにするとは何ごとだ」と言って帳簿をたたきつけるようであったら、及ばずとも一言ぐらいは反抗したかもしれない。それを教え諭《さと》すように話してくれたため、反抗どころか以後何十年もの間、尊敬の的としている。

社長がもし心から部下を服従させようと思うなら、鬼にならず、神になったつもりで当ってみてはどうか。いまだ神を敬い礼をつくす多くの人たちの姿は見たことがあるが、鬼を敬い拝している者を見かけたことはないからねと。

九十才を超したいまでも、使えるものはなんでも再利用しているのが、私の習性ともなっている。その良し悪しは別にして、私がこうなったのは支配人の笑顔での注意が身にしみついているからではなかろうか。さらにこうつけ加えた。

中国を統一した二十世紀の英雄の一人ともいえる毛沢東の講話の中に、

「人を服させるには説得するよりほかなく、威圧的に屈服させてはならない、威圧すれば結局は服さずということになるのが常である。力づくで人を服させようとしてもだめである」と。相談にみえた社長は、何と聞いたであろうか。

心から服させる強さはどこから

力によって屈服させたとしても、それは相手が力尽きて屈しただけのことであって、心から服したわけではない。

この頃のように不況が長くつづくと、トップもいらだつことが多くなるのだろうか、社員を完膚なきまでにどなりつけ、まるで野良犬のように扱っている向きもある。不況で他に職を求めることができにくい時期には、叱られようと、打たれようと、退社していく者は少ない。いずこも門を閉じていて再就職が困難なことを見越してのことなのだろうか。しかしこれが好況に転ずると、人は鬼から逃れようと考える。いざ好況になって鬼が人を集めようとしても、鬼の角が見えかくれしている以上、人々が戻ることはない。

かつて明治初期の創業で現在も盛業中の某社をとりあげたテレビ番組に、ゲストで出演したことがある。

番組のなかで創業者が葬られている墓地の様子が紹介された。創業者の墓石とならんで当時労を共にした部下の墓石が建てられていたが、全く同じような大きさ、材質で、創業者のそれと違いがない。

その会社には、親が勤めると子が勤め、孫が入社するという具合に、代々社員として勤めているとか。創業者の温かい心が呼び込んでいるとしか思えない。

創業者が、社員に「おまえたちの子や孫も、この会社で働け」と言い残しているわけでもあるまい。創業者の部下を思いやってきた心がそうさせているのである。権力によって得た者の寿命は短いが、徳によって得た者は永遠といえるのである。

なにかの本に「明君は尊敬され慕われ、暗君は恐れられ軽蔑される」とあったが、部下を野良犬扱いした人間を尊敬する人間はいないのである。

街道一の大親分の清水次郎長に、勝海舟が「あなたの子分は多いが、親分のために命を投げ出す子分は何人ぐらいいるか」と聞いた。

次郎長は「そういう子分は一人もいないだろうが、子分のためなら私はいつでも命を投げ出す」と答えたという。

またこんな話もある。加藤清正が家来たちと船旅をしたとき、台風にあった。沈没の危険がある。船頭が清正に家来を一人出してくれ、海に沈め人柱にして波風を静めたいと申し入れてきた。そのとき清正は「一人の家来も出すことはできない。どうしても必要なら自分が人柱になろう」と答えたという。

もし子分や家来たちがこの言葉を知ったらどう考えるだろうか。下を思う上の心に感激しない者はないであろう。心から服したほど強いものはないのである。部下を従わせようとする場合、感化してから従わせるか、教えることを先にして感化を後にするか、どちらがよいのだろうか。

今はむかし、クラリオンの創業者瀧澤左内会長と対談したとき、百円札の束を私に見せながら「いつもポケットへこの束を入れているんです。この頃の新入社員のなかには肩まで伸びている長髪の者がいるので、出会うと、うちの仕事のできる者はみんな髪を短くしている、君は新入社員で一人前の仕事はできまいが、髪だけは短くして一人前の社員になっていなさいと、これを三枚手渡してやる。ものの二日、三日で短髪になっている」と話してくれたが、三百円の札びらが効果を示したものではなく社長の親心に感激したのである。

化《か》して教えよ

言志四録に「教えて之《これ》を化するは、化及《およ》び難きなり。化して之を教えるは教入《おしえい》り易きなり」とある。

つまり、先ず教えてそれから感化しようとしても、安易に感化することはできない。感化しておいて、それから教えると容易に教え込むことができるということだ。

ある日、関係していた会社で人事部長が社長に呼ばれ、声高く怒られていた。受付の女子社員の態度が悪いという理由であった。私は見かねて「もう勘弁してやって下さい。受付は私がなんとかします」と取りなしてその場は済んだ。

翌朝から、受付を通るときに従来より少し丁寧に、二人の前で帽子を取り、立ち止まって「お早うございます」と言って通ることにした。

二日目からは二人とも立ち上がって、私より先に「お早うございます」と言うようになった。それから数日後に報道関係の方が来て「お宅の受付のお嬢さんはよく教育されていますね」と言ってくれたので、すぐ近くの菓子店からケーキを買い、先ほどのお客さんが二人を褒《ほ》めていた。これはその褒美《ほうび》だといって渡しておいた。

さらに幾日か後に人事部の社内旅行があるというので、果物と菓子を買い、二人に「これもいつかの褒美だ。旅行のときにみんなで食べなさい」と渡した。

さらに日がたって社長が独り言のように「このごろ受付の態度がよくなりましたね」と言っていた。人事部長は、教えて従わせようとして社長に怒られ、私は化しただけで教えずに従わせることができたといえよう。一人前と思っている人間に一人前の教訓を与えても効き目はない。無言で態度で示せば一人前の人間なら自然に右へ習えすることになる。

前記した「身を以て教うる者は従い、言を以て教うる者は訟《あらそ》う」ではないが、まず自分で行って部下を感服させるなら、部下も心から従うようになる、理屈で教えても逆らって従わないということになる。

結婚式の招待状

これは私が、ある会社の危地突破に協力したときのことである。

組織内での礼儀の乱れは、衰退企業の共通点ともいえるが、この会社でも例外ではないことに気づいた。社内で行き交わっても上下、縦横の礼が行われていない。社員が社長と出会っても顔を背ける。まるで末期的癌のような症状であった。

こうした社員たちに、礼を理屈で説いても馬の耳に念仏、かえって相手の無礼を求めることになるだろう。これを正すにはどうすべきか。

そこで「礼無き者に礼を以て礼す」という考えから、私は出会った者には誰彼なしに、私の方から礼をもって対するようにした。

社内、社外を問わず、先方の返礼の有無にかかわらず、一言でもこちらから先に挨拶する。自分から先に話しかけることをつづけた。

相手がひまであれば出会ったところで立ち話もすれば、エレベーターの中で私の方から話しかけて話題がつづくこともある。清掃会社から派遣されているお婆さんとも話せば、パートの人たちとも話し合う。あるとき、一通の結婚招待状が届いた。

どこのどなたか見当もつきかねた。もとの銀行の関係者ではなし、会社の人からでもない。当日も近くなったころ一人の中年男が私の部屋に入ってきた。結婚招待状の送り主である。顔は覚えているが名前が思い浮かばない。

副社長さんは、よく話しかけてくれ他人事には考えられなくなったので招待状を出した、ついては当日主賓の挨拶をという次第。外部から派遣されていたビルの保守管理の人であった。私も級友のお祝いのつもりで当日務めを果たした。会社内での立ち話も意外なことにまで発展するものである。

そうこうしているうちに次第に顔を背けていた社員が返礼するようになり、「副社長とのコミュニケーションはエレベーターの中がいちばん」とまで言われるようになっていった。

子は親の背を見て育つという。会社の組織内でも、上司の言動は部下に伝わり、口ぶり、手ぶり、足ぶりまで似てくるものである。

そのため、もし将たる者が部下にそうさせたいと思うなら文句を並べるよりも自ら行うことである。自ら行うことなく文句を並べたとて、実行されることはない。

現職時代、管理部門の部長が、関係子会社や本社各部門に対し、合理化節約を徹底するように社長名で通達を出した。ところが行われていないことに気づき、幹部会でボヤいている。「通達を出したが、行われていないところもある。甚だしいのは通達を読んでいないところもある。これからが思いやられる」と苦情を並べている。

そこで休憩時間に私はこう話した。

「私はこのところ何回も社用で中国へ行ったが、時間があると農村地帯まで足をのばした。あるとき実りの季節というのに雀が一羽も飛んでいないのに気づき現地の人に理由を聞いてみた。中国では、実りの季節に雀が麦や稲に群がり集まると、大勢の人がそれを取り囲んで鐘、太鼓を打ちならす、雀は驚いて他の畑に移ると、その方面を囲んでいた人々が打ちならす。雀は長い間飛んでいられないから力尽きて落ちてしまう、そこを人間がとらえて全滅させてしまったと話してくれた」と。

そして「日本では雀を追うのにカカシを立てているが、雀は見慣れてくるとカカシに止まって羽休めをしている」とつづけた。

聞いていた部長が「われわれをカカシにたとえているのではないですか」と言うから、「それに気がつけば話をつづけることもあるまい」と言って笑い合ったことがある。

一心以て万人を得るべし

「両心は以て一人を得べからず、一心は以て百人を得べし」と別記したが、トップは公利を優先し私利を後にすべきである。

ところが公利と私利を同じに考え、あるいは私利を先にしているようだと、社内の批判を受け、味方にする者も次第に減ってくる。

逆に私心を捨て会社のため私利私欲から離れて事に当たれば、求めずして人々は近づいてきて協力も惜しまなくなる。

「これを知ること難きにあらず、これを行うことこれ難し」とは書経《しょきょう》にある文句だが、万人を得るには真心ひとつで足りるという文句は誰でも理解するが、その真心をどう人に示すかということになると首を傾けることになる。

再建会社時代に、先任の副社長と意見の違いがあって対立しているという、もっぱらのうわさが社内を駆けめぐったことがある。私が会社再建のため、いろいろ意見を述べていたのを、二人の副社長の対立と誤解してのことであった。

しかし、たとえ誤解であっても対立視されることは混乱のもと。そこで社員集会の機会に「刎頸《ふんけい》の交《まじわ》り」の故事を例に、次のように話した。

中国の戦国時代、趙の恵文王《けいぶんおう》は和氏《かし》の璧《へき》という銘石を持っていた。（璧とは、輪の形をした平らな玉石のこと）

これを知った強国秦の昭王は、この銘石を十五の城と交換しようではないかと申し入れてきた。応じなければ攻められ、応じたところで璧は取っても城は渡すまい。

このとき趙の重臣の食客でしかなかった藺相如《りんそうじょ》がその使者を申し出た。「もし秦国が城を渡さない場合は璧《へき》も無事持ち帰ります」と。

相如は昭王に璧を渡したが、案の定、城を渡そうとはしない。

そこで相如は「実はこの璧にはキズがありますから、どこかお教えしましょう」と偽って璧を取り戻し、大柱のもとに近づいて、ものすごい形相で「城を渡さないなら自分の頭と和氏《かし》の璧を柱に打ちつけ砕いてしまいますぞ」と叫んだ。さすがの秦王もその勇に感じ入って璧を奪おうとせず、無事持ち帰ることができた。

これが、現代でも用いられる「完璧」という言葉の由来だ。余談だが、このときの相如の激怒ぶりは、あまりの怒りのために髪の毛が逆立って冠を突き上げるほどの勢い、すなわち「怒髪《どはつ》冠を衝く」という言葉もまた、いまに使われている。

相如には「澠池《べんち》の会」の功績もある。

秦王と趙王が澠池で会合した際、秦王は酒宴にあって趙王に遊女に琴をひかせるよう所望した。趙王に恥をかかせるためである。強国の命令には従わざるを得ず、応じた。これを見た相如は、昭王に秦の流行歌を歌うように願った。昭王が応ずるわけがない。すると、相如は「もし昭王が歌わないなら私の首を刎《は》ねて、その返り血を王に注ぎますぞ」と叫んだ。昭王の臣たちが相如を殺そうとしたが、相如の一喝に平伏してしまった。こうして相如は趙王の辱めを防いだため、趙の重臣廉頗《れんぱ》将軍より位が上位になった。

廉頗将軍はそれを不服として、いつか相如を辱めようと考えていた。これを察した相如は宮中の会議に出席せず、将軍との出会いを避け、道で行き会うと隠れて将軍に道を譲るようにしていた。

これを不満としていた相如の従者たちが、相如のもとから去ろうとしたとき「自分は大国秦の昭王を群臣の前で叱りつけ、その群臣をも辱めたのである。それがなんで一人の将軍を避けているというのか。いま強国が攻めないのは将軍と自分が協力しているからである。もし両虎争えば共に倒れ、国を危うくするはずである。自分が将軍を避けているのは、国家の危急という荊《いばら》を先にして、私のうらみを後にしているからである」と戒めた。

これを伝え聞いた廉頗《れんぱ》将軍は荊《いばら》を背負って相如を訪ね、首を刎《は》ねられても悔いを残さない、即ち刎頚《ふんけい》の交りを結んだという。趙の廉頗将軍といえば強国秦も恐れていた鬼将軍である。しかし相如の一心には荊を背負わざるを得なかったのである。

今、なんで私が先輩副社長と争うなどの無謀をするものか。会社はいま谷底に沈もうとしている。両副社長が力を合わせ危機を救うことに専念しなければならないと。

こうして副社長対立の噂はすぐに消えてしまった。

先輩副社長は軍人あがりとかで一見頑固に見えたが、話せばわかる情ある人であった。高齢を理由に退社されたが、いまはこの世の人ではない。

後日談になるが、強国秦にとっては、この廉頗将軍は秦の制覇にとっては邪魔者、そのため秦は謀略を用いて将軍を追放させている。

その代わりに将軍となったのが、趙奢《ちょうしゃ》の子趙括《ちょうかつ》である。父の趙奢は前記の藺相如《りんそうじょ》、廉頗将軍と並び称せられた名将。あるとき趙奢と趙括が軍略について議論したことがある。子の趙括《ちょうかつ》は、兵法にかけては天下広しといえども勝つものはあるまいと自負していただけに、父を言い負かしてしまった。かたわらで息子の雄弁に聞き惚れていた母親は括が座を去ったあとで、なぜほめてやらなかったのかとただしたとき、趙奢《ちょうしゃ》は「兵は死地なり」つまり戦いというものは命がけのものだ。それを括は理屈だけを論じたてているが、もし将来あれが大将にでもなったら、あれのために趙の国は亡びてしまうだろうと。

この予言は不幸にも的中していた。後に趙括は前記廉頗《れんぱ》将軍の後任となって軍を率いたが、秦と戦ったとき一戦で四十五万の兵を失い、趙を死地に陥れてしまった。

口先だけの生兵法の失敗といえるだろう。

自分との約束を守る

論語に次のような記述がある。孔子の弟子の子貢《しこう》は「政治の目標は何か」と質問したのに対し、孔子は「食料の充実、軍備の充実、人民の間の信義の三点だ」と答えた。

子貢がさらに「かりに、このうち一つをあきらめるとしたら」と問うと、
孔子は「それは軍備だ」と。

さらに残り二つのうちもう一つをあきらめるとしたらと問うと、

「もちろん食料だ」「食を欠けば人間は死ぬが、約束を守るという意味の信義が失われては生きている甲斐がないのではないか」と。

なるほど現代でも信の一字を失えば、世は闇となるに違いない。国家、企業、家庭などすべて信によって成り立っているも過言ではないからだ。

卑近な例で会社にしても、社員が経営者を信用せず、経営者は社員を信用せず、顧客は供給者を信用せず、両者紙幣を信ぜず、商品を信用せず、という状態になればすべての機能は失われることになる。

言志四録に「信、上下に孚《ふ》すれば難きことなし」（約束を守るということが、上下に本当に行き渡ったなら不可能ということがなくなる）とあるが、なるほど信という絆があれば、どのような圧力を以てしても断ち切ることはできなくなる。

ことに会社などでの上下に信がなかったなら、経営活動はたちまち渋滞、停止、混乱に陥り、統率力など有名無実に終わることになる。

これは次にのべる「厳」とも関連するが、将たる者の威厳なるものは、将たる者が約束を守るか否か、ことに自分との約束を守るか否かによってその軽重が問われることになる。

自分との約束を守ることのできない人間は他人との約束も守れない。逆に自分との約束を自分の責任で葬ることができる人物なら信用できるとみる向きもあるだろう。

中国の春秋時代、晋の文公は原という国を攻めたとき、作戦期限を十日と定め、将兵にも告げて出陣した。将兵との約束であり、自分との約束でもある。

ところが十日ほどたったが原は降伏していない。偵察に行った者から三日後には降伏するといった知らせがあったが、文公は三日後に原を得たとしても、約束を破っては何にもならぬといって引き上げてしまった。これを知った原の人たちは、それほど約束を守る人なら信用できると考え、進んで降伏し隣の衛の国も服したと春秋左氏伝《さしでん》にある。

私にもこんな体験がある。

私が十才小学校三年のとき、父に本を買う金をねだったところ、前の畑にある柿の木を指差して、「あの実を採って売ってこい」と二キロ離れた八百久という八百屋までの地図を書いてくれた。

翌朝早く、本を買うカネほしさに、木に登って三十一個の柿をザルに入れ、八百久へ勇んで行ったがまだ雨戸が開いていない。戸袋のそばにうずくまっていると主人の久蔵さんが雨戸を開いた。そこにみすぼらしい小僧がいたので怪しく思ったのだろう。「お前こんなところで何をやっている、どこのどいつだ」と詳しく聞かれた。

父の名を告げるとようやく笑顔になって「どれどれ見せてみ」と柿を手にしてくれた。へタのところをなめて「まだ渋が残っているからすぐ売り物にならないが、売った金を何に使うのか」と聞かれ、「本を買うんだ」と答えた。

すると久蔵さんは「坊主、よく勉強しな」と言って、ギザのついた十銭銀貨三枚（柿一個一銭）を私の手に握らせてくれた。空ザルを抱え三枚の銀貨を堅く握りしめて考えた。いまにえらくなったらあのおじさんにお礼に来ようと。

それから四十年たった五十才のとき銀行の取締役に就任した。株主総会で承任されるや他への挨拶もせず、久蔵さんを訪ねたが今は故人。仏前に額ついて四十年の恩を感謝した。この話を久蔵さんのご長男に話したが、そんなことはおやじから聞いていなかったらしい。しかし私は、自分との約束をようやく果たせて、何とも言えない悦びを感じていた。久蔵さんは渋柿を恩着せがましく三十銭で買ってくれたのではなかろうが、私にとっては大恩と思いつづけてきたのである。

些細なことでも、自分との約束を守るということほど自分を悦ばせるものはないようである。

威厳

厳とはいかめしいさま、すなわち威厳は統率の武器ともいえるものであるが、地位、財力、権力などによって備わるものではなく、人格、言い換えれば、人としての道、企業マンとしての道を正しく踏み行っている者から自然に発するものといえるだろう。言い換えれば、これまでに述べた、智、仁、勇、信を兼ね揃えた人であれば、おのずから威厳のある人として周囲が一致するだろう。

論語に、君子は三度姿を変えるとある。

すなわち徳に優れている人は、遠くから見ると近づきがたい威厳がある。近寄って親しく面会してみると、その人柄のあたたかさが伝わってくる。言葉を交してみると、その厳しさが伝わってくるとある。

ここで、西漢の功臣韓信が、もと仕えたことのある楚の項羽を評した文句がある。

「項羽が怒りますと、並居る人はみな恐怖にかられ、ひれ伏してしまいます。ですが、彼は部下に委《まか》すということを知りません。部下を信頼できない者は、いかに威厳をみせても一凡夫の勇でしかなく、大きは仕事はできません。また項羽は人と会見するとき、礼儀正しく、おもいやりがあり、言葉使いも体に似合わず穏やかです。人間の悲しみには涙を流し同情します。ところが部下が大きな手柄を立てたとき、その論功行賞をためらいます。あれは婦人の情け深いのとたいした変わりはないものです。そのため私は項羽から去ったのです」と。項羽が自らの威厳を、相手を威嚇《いかく》までして示しても、見る者からすれば粉飾の威厳でしかない。

現代の組織内でも、権力や財力を笠に着て威張り散らしている者を見かけるが、それらに仕える人たちにしても、力に従っているわけではない。面従腹背、従っている格好を示しているだけなのである。

かつて労働組合が力を示していたころ、その長たる者の威勢は天皇に匹敵するということであった。労働貴族と呼ばれて自分も貴族気分であったろう。それなら天皇や皇族の人たちのような威厳というものを、彼等に感じられたか。虎の威をかる狐には威厳はない。感じられるわけがないのである。

些細なことは自分でも気づかないことが多い。権力のある人たちほど細かいことにまで留意していないと、威厳も部下には示されず自分のうぬぼれだけに終わっているものである。

ある会社の社長は、会社を設立し二部上場の中堅会社まで成長し、県議会議員にまでなったが、会社内でのワンマンぶりが目に余るほどになっていた。社員のちょっとしたミスにも大目玉を食らわす。自分では、これで社長の威厳を示していると考えているだろうが、部下は「うちの社長は、アレだけの人間なんですよ」と言っている。あれだけとはどれだけの人間かわからないが、部下から「あれきり能がない人間」と言われては、威厳を示すどころではない。

また、社則、就業規則などは社長自ら定めたものといえるだろう。してみればトップ自ら守る義務があるといえるが、トップ自ら破っている向きも少なくない。

出勤時間は八時半、退社時間五時半と定めておきながら、社長の出勤時間がルーズで「僕は寝坊の習慣で」とか「夜の付き合いが多いから」等々理由をならべている。しかしそれらの理由はすべて私事で公事ではない。

私は銀行の課長時代、課員に、夜通し酒を飲んでも文句は言わない、ただし出勤時間の八時には席に着いているようにと言い渡した。自分も午前さまの時もあったが八時には席に着いていた。

第二の会社に入ったとき、社長以下役員の出勤簿が秘書室に備えてある。勤務状態がよほどデタラメだったから始めたのであろう。本来役員に出勤簿などは不要なはず。私は一度もその出勤簿には印を押してはいない。その代わり就業一時間前の七時半には自分の席に着いていて、十一年間の勤務中これを守り貫いた。

そのむかし「善く人を用うる者は之《これ》が下となる」（うまく人を使いこなす人は人の下手に出て人の力を最大限に引き出す）という。

これは老子にある言葉だが、あるときこの文句を引用すると、「下手に出たのではかえって甘く見られて力を引き出せなくなるのではないか」ときかれたので、「高圧的に命令すると頑固おやじぐらいに見られるだけで命令者の威厳がなくなってしまうが、下手に出れば、なんとなく威厳に命令されたような気持ちになる」と答えたことがある。

社員時代の一時期、ある上司から仕事上で命令を受けたことはなかった。上司が私の席まで足を運んで「井原さん、これこれをやってみてくれませんか」と頼み言葉で言われた。これではやれませんとは言えなくなるばかりか、気持ちよく進んで応じられる。仕事も相手の期待以上のことができた。影も形もないが、上司の威厳というものが感じられたからではないかと思う。

トップが危地に臨んでさまざまな指示を出したとしても、もし真の威厳に欠けるようでは、社員は動かない。

二　人、人を重んずれば

四人の宝

十八史略に次の話がある。

中国の戦国時代、斉《せい》の威《い》王が魏《ぎ》の恵《けい》王と郊外で会談をした。そのとき恵王が威王に「斉の国には何か珍らしい宝物がありますか」とたずねた。

威王が、そういうものはありませんと答えると、恵王は誇らしげにこう言った。

「わが国は小国でありますが、それでも直径一寸ほどの珠《たま》で、これを車の上におきますと、前後十二台ずつ計二十四台の間をかがやき照らす珍しい宝物です」と。

これをきいて威王がこう言った。

「私の宝物は王とは違って人です。私の臣に壇子《だん》という者がおります。この男に南の国境の城を守らせると、彼の武勇を怖れて楚《そ》も泗上《しじょう》の近くに現われてあばれることもしなくなりました。そればかりか十二の諸侯も入朝し臣下としての礼をとるようになりました。また盻子《べんし》という者に四方の高唐《こうとう》というところを守らせましたところ、趙《ちょう》の人たちは自分たちの東にあたる黄河に出て漁をしなくなりました。黔夫《きんぷ》というものに除州を守らせましたところその威風を怖れて燕《えん》の人々は北門で、趙の人は西門で神を祭って攻められないよう祈っている有様です。さらに種首《しょうしゅ》という者に盗賊取り締まりを命じましたところ、人々は道に落ちている物も拾わなくなりました。この四人の臣の威光は千里の遠方まで照らすもので、たかが兵車十二台を照らすものと比較になりましょうや」と。

これには恵王もグーの音も出なかったとある。

鶴の恩知らず

いかにトップが財宝を積んで誇ったとしても、これに感激して従うものはないばかりか、心は次第に離れていくことになるだろう。

「酒池肉林」で知られた殷《いん》の紂《ちゅう》王は天下の財宝を集め、美女妲己《だっき》に溺れ、贅の限りをつくした。しかも、罪人を火あぶりの刑にするのを、妲己と共に見物して楽しんだという。

この紂《ちゅう》王は七十五万の兵を持っていたにもかかわらず、五万の兵の周の武王に破れている。七十五万の巨大な兵力も、兵ひとりひとりの心が、王から離れていてはいかんともなし難い。

「親、親たらずとも、子、子たらざるべからず」とか。親が親としての務めを果たしていなくとも子は子として孝行しなければならないとは昔からの教えであるが、「君、君たらずとも臣、臣たらざるべからず」とはならないようだ。「君、君たらざれば臣即ち去る」という例が多い。

いまのべた紂《ちゅう》王にしても、微子《びし》、比干《ひかん》、箕子《きし》という三人の忠臣たちが王の乱行を諫めたが耳を傾けなかったため、比干は殺され、微子と箕子は逃げ出している。「三仁去って殷《いん》亡ぶ」と後の世の人が言ったことだろうが、忠臣が逃げ去っていくようではその他の従う人たちの腰も落ち着くことはなかったろう。

昔、ある国王は鶴に興味を抱き、鶴に領地を与え、位まで与えて家臣以上の待遇をしていた。ところが敵から数回の攻撃を受けたとき家臣たちは戦おうともせず、「鶴に戦わせたらよかろう」と言って武器を取らなかった。そのため戦いに破れ、王も殺されそうになったという。これでは「鶴の恩返し」ではなく「鶴の恩知らず」というところである。

現代でもこれに類した例は少なくない。

社長が自分の気に入った部下だけを近づけ、親しく活し、行動を共にして他の社員のねたみを買っている。あるいは趣味を共にしている部下とは親しくするが、他は他人扱い、これでは会社協力の実をあげることはできなかろう。

銀行の人事部長時代、ある支店の店長代理が他店への転勤を願い出てきた。

理由は、支店長が小唄に熱中していて、なかば強制的に小唄を習えといって部下を仲間に入れようとする。支店長にごまをすって小唄のグループに入れば譜代大名扱いになるが、拒否した私などは外様の小大名に追いやられ声もかけてくれない。これでは先が思いやられるからということであった。

その際私は、その代理を転勤させず、支店長を本部詰めにした。

信ずれば信じられる

人を信ずれば信じられる、信じなければ信じられることもない。財貨はいかに人が信じても、財貨が人を信じることはない。人が人を愛すれば人も人を愛するが、人が物を愛しても財貨が人を愛することはない。

人が人から信を得れば、無限の利を生み出すが、財貨のそれにはおのずから限りがある。こうしたことからもいえることは、人の上に立つ者は下に信を与えることが欠かせないことである。

下を信ずれば下は信を以て報いることになる。上に信があるから下はそれに応えて信を果たす。これが下にやる気を起こさせる。

「人生意気に感ず、功名誰《たれ》か復《ま》た論ぜん」と詠んだのは唐の忠臣魏徴《ぎちょう》である。魏徴は、若かったころ手柄を立てて世に出ようと考え、まず山東の敵を説得するための許しを求めた。太宗は、名もない魏徴であったが信用しこれを許した。魏徴はこの恩に報いるため、必ず説得することを自分に誓った。いわば受けた信を信で返すことを誓ったわけである。

魏徴《ぎちょう》はその後太宗に仕え、太宗の貞観《じょうがん》の治《ち》を助けた。魏徴が死んだとき太宗は自ら魏徴宅を訪ねて碑文を書き尊《うやま》い、こう言って嘆いている。

「銅を以て鏡となせば衣冠を正すべし、古を以て鏡となせば興替を見るべし。人を以て鏡となせば得失を知るべし。魏徴没して朕《ちん》一鏡を失えり」と。

銅を磨いて鏡とすれば衣服や冠が正しく着いているかどうかがわかる。また昔のできごとを鏡にすれば、世の中が盛んになったり衰えたりする変化を知ることができる。人を鏡とすれば、自分の行いが正しいかどうかがわかる。いま魏徴が死んでしまったので自分は一つの鏡を失ったような思いであるという意味になろうか。

太宗は魏徴を自分の手本にするほど信じきっていた。魏徴は太宗がそうであったほど誠心誠意報いた。信によって結ばれた主従の信の鉄鎖はなにを以てしても断ち切ることはできない。

現職時代、「上が下にやる気を起こさせるにはどうすべきか」と部下から質問され「信じ委せ、責任は自分で取ること」と答えたことがある。

「それでは責任をとる自分だけがバカを見る」と言う。

「委せられた者は、責任は問われないからデタラメができると考える者は少ないもの。かえって責任を自覚するものだ」と答えておいた。

まかせて育てる

銀行の部長時代、四部門を四年間で渡り歩いた。部門を変わる度に、新任の部門では「井原部長がくると忙しくなるぞ」と話しあっていたという。

別に新たな仕事を持ち込むわけではなかったが、課長は代理者に代理者は係長にという具合に、上から下に自分のやっている仕事を下ろすよう指導したからである。

その都度、たとえば係長に対しては、「いずれ課長代理になるだろう。その準備のためだ、この仕事をやってごらん」と話して、課長代理の仕事をやらせてみた。本人としては内心嬉しい。忙しくなっても私が憎まれたことはなかった。昇進の夢が忙しさを帳消ししてくれたからではなかろうか。

人に仕事を委せるということは、もちろん自分が楽をしようというものではない。第一の目的は下を育てるということになる。委せておぼえさせる。同時に希望を与えることにある。

銀行時代、私の肩書の第一号は「支配人代理心得」であったことは別記した。心得が付いたのは給与年令ともに内規に達していないということであったが、それでも支配人のやる日常業務は委された。「馬子にも衣装」というが、馬子でしかない私であっても内心は馬に乗っている気持になる。学びもすれば、立ち居振る舞いまで支配人を気取るようになり、次第に本物に変わっていくことになる。

このように委《まか》せられるということは目に見えない効果が出てくるものである。委せられれば、それから自覚し過ちのないように努めることになる。委せる者は大局を見ていて、要所要所をつかみ指示することがあれば足りるのである。部下を信頼し委せるだけの度量のない者は、上に立つ資格はないといえるだろう。

よく私は管理職に向かって、「上に立つ者の最大の任務は、部下を己《おのれ》より秀れた人材に育てることにある」と話してきた。この一言も少なからず後につづく者を刺激したのではないかと、うぬぼれているわけである。

ある会社へ入社した翌朝、七時三十分には自分の椅子に掛けていた。

そこへ、課長会の幹事といって現れた人から「いま恒例の課長会が始まるから就任の挨拶をしてもらいたい」と告げられた。

突然のことで何を話してよいやらわからず演壇に立ち、簡単に入社挨拶をした後で「昨日社長から人事も委されたので、皆さんの頭の中が空になったら部長にすることを約束します」と言ったきりで戻った。

あとで幹事がきて、「われわれの頭の中が空になったら昇格させるとはどういう意味ですか」と。

「自分の能力だけにしがみついて課長の椅子にすがりついているような人は当社には不必要。自分の能力はすべて部下に譲ってしまえば頭は空になる。空にした課長が空でいるはずはない。新たな能力を得るが、それをまた部下に譲ってしまう。こういう課長だけを部長にするというわけだ」と話した。

それから二年ほどたってからである。

人事部長から「A課長は最近かすんで見えるようになってきた。課長代理のBがメキメキ能力を発揮したからだ。この際B代理を課長に抜擢し、A課長は閑職につけたいと思うがどうか」というもの。そこで私はこう指示した。

「A課長がかすんだというが、B代理を課長を凌ぐほどの能力者に育てた功績と、育て上げる能力がある。閑職どころか、いま部長の空席はないから有力部の副部長に抜擢し、B代理を課長昇進ということにしてはどうか」と指示した。

これなら見捨てられて失望する者は一人もいなくなるし、管理職の部下に対する認識も変わり、己の任務の最たるものはなにかを知ることになるだろう。

これも銀行時代、証券課長と資金課長を兼務したことがある。いずれの課も刻々の変化に対応しなければならない部門である。

ある日頭取に呼ばれ「いま君は暇で退屈しているようだからもう一つの仕事をやってもらうことにする。いま朝鮮動乱も休戦になり、戦後という言葉も消えたようだ。これからの銀行経営も新時代に対応することになる。その対策をいかにすべきかを研究し、具体策を考えなければならない。ついてはその仕事を君にやってもらおうと思う。今日中に十人ばかりのメンバーを決めプロジェクトチームを作り、君にチーフを担当してもらう」と、命令ともなく一方的に言われた。

結局それを引き受けて無事にお役目を果たしたが、どうも気に食わなかったのは暇人扱いされたことであった。二課兼務ができたのは、仕事が少なかったわけではなく、課長の仕事を次長や代理に委せていたから、引き受ける余裕があったのである。

結果として三部門の兼務を無事に果たしているということは、私の頭の中が空であったことを頭取もお見通しであったということだろう。

桃李言わざれども

中国前漢の李広《りこう》という将軍は、匈奴《きょうど》討伐に功の多かった人で、弓の名手としても知られていることは別記したとおりである。

この李将軍は部下を可愛がり、恩賞を受ければことごとく部下に与え、野陣になっても先に宿舎に入らず、食事のときもすべての兵に行き渡るまで箸をつけなかった。

このようであったから、将軍は口下手で田舎者のようであったが、亡くなったときは全軍皆が泣き、知る人、知らぬ人まで悲しんだという。

「その身正しければ、令せずして（命令しなくても）行われ、その身正しからざれば令すといえども行われず」と論語にあるが、この言葉は李将軍によくあてはまるものだ。

中国のふるい諺に「桃李《とうり》言わざれども下《した》自ら蹊《こみち》を成す」（桃やスモモは何も口に出さないが、

美しい花を咲かせ、うまい実をつけるので人々がその木の下に集うから自然に小道ができる）とあるが、李将軍のもとには人々がその人柄に魅せられて集まってくる。これは史記の著者司馬遷《しばせん》が、口べたな李将軍を褒めた言葉である。

もし、桃やスモモでなく、毒蛇のすみかになっている古木であったり、トゲのある草であったら、人々は近づくところか避けることになるだろう。

この李将軍は、帝からも「もし戦国時代に生まれていたなら、大大名にもなっていただろう」と言われ、匈奴《きょうど》からは飛将軍として恐れられたほどの人物だが、後世の人々には、本書の冒頭で紹介した武勇伝よりも将軍の温かい心についての話の方が多く伝えられている。人間誰しも力に共鳴することは少なく、人としての心に魅かれるからであろう。

兵を奮起させる三条件

太公望《たいこうぼう》といえば魚釣りの代名詞になっているほど知られているが、三千年ものむかし周の西伯《せいはく》（後の文王）に見い出され、周朝を開いた子の武王に仕えた賢人呂尚《りょしょう》のあざなである。

このいわれを簡単にのべる。

西伯が狩に出ようとして、何を得ることができるのか占ってもらった。占いの結果、獲物は鷹でもなく、熊、虎でもない。周の国を盛んにする有力な協力者が得られると出た。

西伯は渭水《いすい》の岸に来てみると、乞食然とした呂尚《りょしょう》という老人が釣り糸をたれている。江戸川柳にはこのところを「釣れますかなどと文王そばに寄り」といっているが、その呂尚と話し込んでみると、応答も立派で並々ならぬ人物。

そこで西伯は「いまは亡き私の父の太公は将来、国に秀れた人物が現われ、国を盛んにしてくれると言っていたが、それが貴公に違いない」と、車に同乗させ王宮に帰り、「父（太公）が望んでいた貴公であるからこれから太公望と呼ぼう」と言って、師と仰ぎ私淑したと史記にある。

さて兵法書「六韜《りくとう》」はこの太公望が書いたものといわれ、次の記述がある。

周の武王が太公望に尋ねた。

「全軍が城を攻めるに際して先を争いよじ登り、野戦に際しては先を争って進み、退却を命じられ憤激し、進撃を命じられれば勇み立つ、このように戦わせたいと思うが、どのようにすればそうなるだろうか」。これに対し太公望は答えた。

「それには条件が三つあります」

「その第一は将が礼を心得ること。第二は将が骨惜しみしないこと。第三は欲望を抑えることの三つです」と。

「礼を心得た将とは、将だからといって冬には毛皮の衣服を着るようなことはせず兵士と寒さを共にします。夏も扇を用いず兵と暑さを共にします。雨が降れば兵士と共に濡れるような将です。このようにしなければ部下のおかれている立場を知ることはできません」

「次に骨惜しみしない将とは、険しい道、坂道などを行くとき車から降りて歩くような人物です。骨惜しみするようでは部下の苦労を知ることはできません」

「欲望を抑える将とは、全将兵の宿舎が決まってから宿舎に入り、全軍の食事が用意されてから食事をし、火の通ったものを食べられないときは将たる者も控える。将が欲望を抑えないと将兵の腹具合を知ることはできません」

「将たる者は部下と苦楽、腹具合まで共にするから、兵は進撃の命令が出れば勇んで進み、退却の合図が出れば憤慨するようになるのです。兵は何も好んで死ぬのでもなければ、喜んで傷を負うのでもありません。将たる者が部下の苦労をつぶさに知り自身もその労苦を十分に体得しているからこそ、兵にそうさせることができるのです」と。

現職時代私は中間管理者に向かって「将たる者は、部下の靴の裏まで承知していなければならない。ただし部下と同じ仕事をしてはならない」と言っていたが、部下の靴の裏とは部下の労苦の意である。

私は、第二次大戦の末期に召集令状をもらい一兵卒で出征し、伊豆大島にいた。わずか三ヶ月半の兵隊でしかなかったが、ろくに食べるものもなく食事はわかめの中に米粒をたきこんだもの。食器は近くの墓地からひろってきたもの。「麦と兵隊」ならぬ「わかめと兵隊」という有様。

食事当番になると、食缶がわりの醤油樽を担いで炊事所にわかめご飯をもらいに行き、小隊で分けて食べ終わると、また樽を担いで海岸で洗う。そのときに樽についている米粒を食べることができるのが役得という食生活であった。それでも空腹を満たすことは一度もなかったが、ある夜、樽を担いで海岸に洗いに行く途中、将校の宿舎の食卓が見えた。白米に魚、肉、ビールつきの食事、これでは太公望をもちだすまでもなく、勝てるわけがない。

部下をみること嬰児《えいじ》の如し

「卒を視《み》ること嬰児の如し」と別記したが、嬰児とは三才以下の小児のことをさす。将にとって部下の兵卒は愛児のようなもので、それこそ、目の中に入れても痛くないほど可愛がるものである。部下と苦楽を共にしている将に限らず、苦楽を共にした同志は分けへだてなく心が通い合い、何年たってもそれが消え去ることはない。

九十才を超したいまでも、八十年もむかしの小学校時代の先生、同級生の一人一人をフルネームで呼ぶこともできれば、面影を思い浮かばせることができる。互いに楽しく、懐かしく思っているからであろう。こうしたことは社会人になってからも同じで会社、銀行のＯＢ会などに出席しても、同じ席にいた人たち、かつて同じ部の人たちが、むかしの店長、部長を囲んで歓談する風景を見かける。よく同じ釜の飯を食った者同士というが、心のきずな、親しみは、いつになっても変わらないからである。

このような親しみは、親子兄弟、夫婦のそれのように、切ろうとしても切れない。生死も共にすることができるものである。

嬰児の如し、といえば同じ兵法家の呉起《ごき》に次のような逸話がある。

呉起が将軍として部下を率いて出陣したときである。一人の兵が負傷し、そこが化膿して苦しんでいた。

呉起はその兵の患部に口を寄せ、膿を吸い出してやった。

それを伝え聞いた兵の母は泣き出してしまった。

わけを聞くと「私の夫も呉将軍に膿を吸い出してもらい、それに感激した夫は勇敢に闘って討死してしまいました。今度は子供が膿を吸い出していただいたという。父と同じように恩に報いるために闘って戦死するのではないかと思いまして」と語ったとある。呉起将軍の親心が兵を振い立たせているのである。

また、別の書物にこんな話もあった。

ある将軍が遠征したとき、その地の人から竹筒一本の酒が届けられた。将軍一人の飲み分として届けたものであろう。しかし将軍は部下を思うと、自分一人で飲み、悦に入っているわけにはいかない。兵を川下にならばせ、その酒を川に流し、将軍は兵と共に川の水を飲んだという。「兵思う心にまさる将の心」とでもいおうか。これでは懦夫《だふ》（いくじなし）も奮い立たざるを得なくなるだろう。

今はむかしになってしまったが円高不況といわれた時期があった。たまたま私は某地へ講演旅行に出た。話し終わって控え室へ戻ろうとしたところ一人の社長から呼び止められ質問を受けた。

「突然の円高不況によって会社の収益がガタ落ちになったので夏の社員ボーナスは出せないと思うが、それでよいだろうか」という質問。

「それでは株主配当も無配になりますね」と聞いたところ、

「対外的な信用、ことに銀行の信用ということもありますから、積立金を崩して前期並の配当をしようと思っています」

「株主は大勢いらっしゃるのですか」、「いや大部分は私名義、他は家族と一部の親戚です」という話。これでは答える勇気も失せてくる。

「然るべく、社長さんのお考えどおりにしたらいかがですか」と言って控室に入ってしまった。

何人かの主催者役員の前で私はこう話した。

いま、参加者の社長からこれこれこういう質問を受け、答えにならない答えをしてしまったが、そのとき、ふと老詩人曹松《そうしょう》の詩を思い出した。

沢国《たくこく》の江山戦図《こうざんせんと》に入る
生民《せいみん》何の計あってか樵漁を楽しまん
君にたのむ語るなかれ封侯《ほうこう》のこと
一将功成りて万骨枯る

すなわち、ここ水郷の国々の山も川も戦場と化してしまい、いままで木を切り、魚をとるのどかな生活をどうしてつづけることができようか。君たちよ、勝っては諸侯に封じられるなどということは口に出さないでくれ。君等一人が大名に封じられるかげには何万人という兵が白骨となっていくのであるから、という詩だ。

いままでは「一将功成りて万骨枯る」の最後の一行が知られているが、社長が配当を得て功を保つとしても、社員は万骨は枯れないまでも財布の中は枯れることになる。これでは遠からず配当さえできなくなるだろうと。

私財を投じて

これは私の銀行時代の体験である。

ある社員五十人ほどの会社であったが、不況で収益も減り、銀行借入れの道も閉ざされた。年末ボーナス支給もできなかろうと社員はあきらめていた。

ところが、年末ご用仕舞の日、社長から社員全員に同額の餅代が渡された。銀行から借りられるはずはなし、会社の金庫にあるはずもなし。

ところが、このナゾは正月元旦に解けた。

年始に社長を訪れた社員が気づいたのである。

社長宅の玄関におかれていた置物も、応接間の油絵も、座敷の床の間の掛け軸もなくなっていることに気づいたのであった。「家宝変じて餅代となる」に感激しない者はなかった。以後会社は立ち直り、発展の道を歩むようになったことはいうまでもない。

社長の恕《じょ》、思いやりの一字が、社員の心を振い立たせたためといえよう。

次の話は、私が名ばかりの監査役をしていた会社でのことである。

その会社は、終戦直後に私のところに、軍隊服、ドタ靴姿に雑嚢《ざつのう》を肩にかけた復員兵士がやってきたときから始まったものである。その人は私よりも十数才も年下だが小学校は同じということであった。

「電機関係の会社を興したいが、会社設立の方法がわからない。昔の職場の仲間で役員を揃えたが、監査役がいない。それを引き受けてくれ」ということで、設立まで一切がっさい面倒をみたが、一度も会社へ行ったことはなかった。

その会社はその後十年近くで従業員四百人ほどの会社へ成長したが、社長が若くして世を去った。その葬式の日である。読教の最中に一人の女性社員が大声で泣き出した。

事情を聞くと、わけはこうであった。

昭和三十年の朝鮮動乱景気の反動で不況になったとき、その女子社員の親が死んだが葬式代がない。社長に五千円の前借りに行ったが、折からの不況で手許不如意。奥さんの晴着を質入れしてその社員に渡した。質入れまでして用立ててくれた暖かい心の社長をなつかしんでの声涙であったのである。

三　諫言を聞く明君、聞かぬ暗君

明君と暗君のちがい

論語に「民《たみ》信なくんば立たず」という言葉がある。

国民との間に信頼がなかったら天下は成り立たない、という意味であるが、現代の組織にしても、上が下を、下が上を信じ合っているから成り立っている。

これが乱れるようであれば、組織は乱れ成立も危ぶまれてくる。ことにトップが下から信頼されていることは何事にもまさる会社の力となるだろう。言うまでもなく信頼は部下の士気をおのずから高めることになるからである。

唐の太宗が、重臣の魏徴《ぎちょう》に「明君と暗君の違いはなにか」とたずねた。

魏徴は「明君といわれるわけは、広く人々の進言に耳を傾けることです。暗君といわれるわけは、お気に入りの家臣の言葉だけしか信じないことです」と答え、つぎのように説いた。

詩に「いにしえの聖王といわれた人は疑問があれば庶民に問う」とありますが、尭《ぎょう》・舜《しゅん》のような聖天子は、門を開け放して賢者のくるのを待ち、多くの人に意見を聞いてそれを政治に活かしました。

これに反し、秦の二世胡亥《こがい》は宮中奥深く起居し、臣を退け、宦官《かんがん》の趙高《ちょうこう》だけを信頼し近づけました。そのために完全に民心が離反するまで気づかなかったのです、と。

魏徴は、このほかに梁《りょう》の朱异《しゅい》、隋《ずい》の煬帝《ようだい》を例としてあげているが、わが国の平家物語にも「とほく異朝をとぶらへば、秦の趙高、漢の王莽《もう》、梁の朱异、唐の禄山」と、いずれも、君をたぶらかして私欲を遂げようした人物をあげている。

こうした、野心を抱いている邪《じゃ》臣の言い分だけを聞いていると、当然に多くの人々の反感を買うようになり、信頼も失われて人々は遠ざかることになる。

派閥に与《くみ》して

私の勤めていた銀行は、かつては代々派閥を作り、各派閥が多くの部下を手なずけ、与しない者は互いに敵呼ばわりしていた。そのうちの最大派閥は、頭取さえ一目も二目もおくほどの勢いで、閥に与せざるものは人にあらずと豪語しているかのようであった。

しかし、平家物語ではないが、「盛者必衰の理《ことわり》をあらわす、唯《ただ》春の世の夢の如し」とか。その派閥も次第に批判が高まり、親分が病気で倒れると春の夜へ夢のように消え去ってしまった。

あるとき、この派閥についての話が出た。

なぜ消え去ったのかについて「ゴルフ、マージャンは強くなり、小唄は上手になったが、仕事は上達しなかった。閥に入らなかった人は、ゴルフ、マージャンは上達しなかったが仕事が上達したからだ」と言った者がいたが、当たらずとも遠からずと思ったものである。

近年では派閥などの話は表だって耳にしないが、かつては学閥、郷土閥、閨閥《けいばつ》等々派閥に属しないと出世できないとまでいわれていたものであった。幸か不幸か、私は地元生れで県人会のような故郷閥はなし、学歴がないから学閥もなし、百姓育ちで閨閥もない。

当時の私は、閥に加わって出世しようとするのは力が無いからだと勝手に自分を慰めていたが、真実はまさにそのとおりで、人の力にすがって世に出ようとする者は自ら無力を白状しているに等しい。このような考えの者は閥に与《くみ》した者を羨《うらや》むどころか、与する無能者とは同一視されたくないという誇りから閥に与する者を軽べつすることになる。当然に閥の盟主をも軽べつすることになる。

多くの人々の心が離れる原因はここにあるといえよう。ちょうど大きな志を抱いている者が、遊び人仲間から遠ざかるのと同じである。

さて、多くの人の意見を聞き、これを経営に活かすことが明君とすれば、多くの意見を聞くにはどうすべきか、ということを考えねばならない。

徳川八代将軍吉宗は「目安箱」なるものを設け、庶民の要望を聞いたという。

土光敏夫が東芝の社長に就任したとき、社長室への入口は開け放ち「誰でも何でも言ってこい」と言わんばかりである。

聖人孔子は「六十にして耳順《したが》う」、つまり自分は六十才になって誰の言うことでも聞くようになったといっているが、トップが下の者の言い分にも耳を傾けるということは、その人を尊重し、礼を払っているという意味でもある。これがトップへの信頼となり、よし、このトップのためならという気持ちを助長することになる。

項羽《こうう》と劉邦《りゅうほう》

若いころ私はよく「漢楚軍談《かんそぐんだん》」という本をくり返し読んだ。西漢の劉邦《りゅうほう》と楚の項羽《こうう》が天下を争った様子をわかりやすく著した史書である。

その本によると、項羽《こうう》の部下は四十万、劉邦《りゅうほう》は十万の兵でしかなかった。劉邦に張良《ちょうりょう》という智者があれば、項羽には范増《はんぞう》が参謀を務めるという具合であった。結果は四分の一の兵力でしかなかった劉邦が天下を得ている。この理由は何か。

項羽は智将の言を用いず、劉邦は張良の言に従ったからと私なりに結論したが、話はこうである。

秦を亡ぼして先に秦都にはいったのは劉邦であった。咸陽《かんよう》城には財宝は山と積まれ、豪華な宮中には美女数千人という盛大なものであった。劉邦は気の緩みから永くそこに居座ろうとしていた。

これを知った豪将、樊噲《はんかい》が諫めた。「天下はまだ定まったわけではありません、一刻も早くここを出て、城外に陣を張って下さい」と。劉邦はこれを聞こうとしなかったので今度は張良が諫めた。

「良薬は口に苦いが病に効くといいますし、忠言は耳に逆らいますが行いに利ありと申します。どうぞ樊噲のいうことを聞き届けて下さい」と。

さすがの劉邦も二人の忠言によって城を出て覇上に野陣を敷いた。

その後に項羽と共に入場した范増は、「劉邦は山東にいたころは欲が深く、美女を愛し、財貨をむさぼり人々から怨まれていたが、城中に入ってからは、財貨には手もふれず、美女を遠ざけている。これは彼の志が大きい証拠である。天下を取ろうとする志があるに違いない、彼を殺さない限り項羽の天下はない」と考えた。

そこで范増は劉邦を招いて酒宴を開き、その場で劉邦を討とうと図った。いわゆる「鴻門《こうもん》の会」である。

席上、范増はここで劉邦を斬れと目くばせしても項羽はそれに従おうとしない。范増は側臣に剣を抜いて舞わせ劉邦を斬らせようとしたが、樊噲も立って舞い出したため、これも斬れず、張良は危険に気づき、ひそかに劉邦を逃し難を逃れた。もし、項羽が范増の言にしたがっていたなら、天下は項羽のものとなっていたろう。

部下の忠言を聞いたか聞かなかったかが天下分け目となったといえるのである。

前記の項羽は劉邦に代わって入城するや、劉邦が許した秦の三世子嬰《しえい》を殺し、美女、財宝を私し、咸陽城に火を放ち、三ヶ月も燃えつづけたという。さらに秦の始皇帝の墓まであばいて屍《しかばね》を辱《はずかし》めたという。これでは民心も離れるはず。

韓生という忠臣が、「この地は軍略からみて天下を得るのに最適な都になる」と項羽に留まるように忠言したが、

項羽は、「富貴にして故郷に帰らざるは繍《しゅう》を着て夜行くが如きのみ（位も高く金持ちになったのに故郷に帰らないのは、豪華な着物を身にまとって夜歩くようなもので、自分の成功を人に見せられない）」と言って意に介さない。

韓生が「楚人は猿が冠をかぶったようだと世人はそう言っているが、項羽もその通りだ」と言ったので、項羽に煮殺されてしまったと十八史略にある。

蜚《と》ばず鳴かず

よく諫言を求めた明君のたとえとして「蜚《と》ばず鳴かず」の故事がある。

春秋時代、楚の荘王《そうおう》は、政務から遠ざかり毎日宴会を催し楽しんでいた。

そして「これを諫めた者は死刑に処す」と布告した。これでは死刑を恐れて誰も諫言すまいと思われた。しかし伍挙《ごきょ》という男が、直言しては死刑にされるので婉曲《えんきょく》に、王を鳥にたとえて、こう諫めた。

「向こうの丘にいる鳥は三年たっても一度も鳴いたことがありません、どうしたことでしょうか。またその間一度も蜚《と》んだこともありません。どうしてでしょうか」と。

荘王は、これに対して「三年も鳴かないのは、一度鳴いたら天下を驚倒させるためだろうし、一度蜚《と》んだら天までも届くほど高くとぶためであろう」と答えた。すなわち大志をとげるために、英気をやしなっているのだと。

また、蘇従《そしょう》という人が諫めたとき、荘王は、死刑のふれをも顧みないその忠誠を悦び、腰の剣をぬいて、宴会で遊びに使っていた鐘や太鼓をつるす紐を断ち切って「よく諫めてくれた。いまから遊びをやめて政務に励むぞ」と言って、伍挙《ごきょ》と蘇従の二人を重く用いたため、楚の人々は大いによろこんだという。この荘王は後に天下を得て春秋五覇の一人といわれたほどの明君になっている。

バブル当時諫めた部下を遠い任地へ飛ばしてしまったトップがいたとか。この会社は不況到来で倒産してしまった。忠臣を飛ばした結果は会社を飛ばし、トップは自分の首まで飛ばしている。暗君のそしりをまぬかれることはできまい。

「国亡びるや賢人なきにあらず、これを用いること能《あたわ》ざるなり」というが、いつの世にも賢人がいなかったわけではない。その賢人の言うことを聞かなかったから、諫言を聞く立場から追われるのである。

唐の太宗は狩を好み時には政務を怠ることさえあった。また、狩に危険が伴う。これを憂いた忠臣が時折り諫めた。あるとき、谷那律《やそりつ》という役人をお供に狩に出た。

狩の最中、突然の雨に濡れてしまい谷那律に尋ねた。「雨に濡れない狩衣はないか」と。「あります、瓦で作った衣なら濡れることはありません」と。

太宗はこの答えをたいへんよろこび絹五十反と金帯を賜ったとある。諫言に賞品。遠い任地へ飛ばした暗君とは大きな違いである。

忠言を聞き入れる雅量

私は六十年もの間、上に仕える立場にあったが、その間のトップ七人のなかで、真に忠言を聞いてくれた人は二人だけであった。

いまだにこのお二人には頭の下る思いがするのは、忠言を聞いてくれたばかりではない。実際頼りになるおやじであったからである。

諫言《かんげん》をよく聞く人が、なぜ下の者から敬い、慕われるのか。

思うに、心が大きい、大きいから人に敬われる。敬われるから、協力者が増える。協力者が増えるから成功するという期待感が加わるのではないか。つまり「この人についていけば間違いない」と。

これは私の銀行課長時代の話、あるとき所用があって頭取室へ行った。頭取は自ら経費査定をしていた。

経費明細表を私に見せ、「経理部長の査定が甘いので、いま一律十％の削減をしているところだ」。私が見ると、行員指導費（教育費）も削ってある。頭取は気にいらないと百雷一時に落ちるものすごさを知っていたから、恐るおそる話してみた。

「この指導費を半期一千万円削ってありますが、一年で二千万円の節約、十年で二億円。半分は税金で引かれ一億円残りますが、これをかりに一割に運用しても一千万円の利益を生み出すに過ぎません。しかし何千人かの行員の頭の中に蓄えたとしたら量り知れないほどの利益を生み出しましょう」と話した。

頭取はそのとき雷を落とさず「それもそうだな。しかし、他の項目を削る余地はない。どうしたものか」と考えていたが、「ではこうしよう。井原君の給与をゼロにすればいくらか穴埋めになるだろう。いいな」と。

もちろん給与ゼロは頭取の冗談だが、私もいまさら困りますとも言えず「結構です」と言って最敬礼して引き下がった記憶がある。理に合わねば百雷一時に落とすが、理に合えば立場を忘れてペイペイ課長の一言にも耳を素直に傾ける。ここにトップの魅力を覚えるのである。

やはり課長時代に、頭取が参議院選挙に担ぎ出され、居ながらにして当選確実と言われていた。ある日私が呼ばれ、出馬の是非を聞かれた。即座に「私は反対です。二足のわらじはなんとやら、本業専念が筋と思います」と答えた。思いに相違したのだろう、頭取は「反対は君だけだ」と吐き捨てるように言って席を立った。四、五日して会ったら「やめたよ」の一言だった。自然に私の頭が下がった。

再建会社時代、私に向かって「どうも副社長には言いたいことも言いにくい。月とスッポンの立場だから」と言う社員がいた。そこで次の話をした。

加賀の千代女といえば、いまも知られている女流俳人だ。「トンボ釣り今はどこまで行ったやら」「朝顔やつるべとられて貰い水」などの句でも知っているだろう。

この千代女の話を聞いた加賀百万石の城主前田侯が、千代女を城中に呼んだ。

前田侯が千代女を見るなり、「加賀の千代、何にたとえん鬼瓦」と一句詠んだ。

千代女はその返句として「鬼瓦天主閣をも下に見る」と詠んだ。

側臣たちは、足軽ふぜいの女房に、百万石の天主閣を下に見られてはただではすむまいと思ったが、前田侯は「今日は千代女にしてやられた」と言って褒美を下されたという。

この話は私が金沢へ講演旅行に行った際、タクシーの運転手さんから聞いたものであるが、上を恐れず苦言を敢えてする千代女の勇気と、上に立つ者の雅量・太っ腹がよくあらわれている二人の句に、私も教えられたものだ。

会社の上司だからといって遠慮することはない。人間というものは上になればなるほど自分がわからなくなる。わからない人に教える人が先生だ。

とすれば生徒はこの私、副社長ということになる。あなたが教師、私が生徒、何も遠慮することはなかろうと話しておいたが、その後一度たりともこの社員から話を聞いていない。これは自分の不徳を嘆く以外にない。

四　意欲型人間を用いれば

意欲型と退嬰型

「類は友を呼ぶ」といわれているが、意欲型人間を育てれば意欲型人間が増え、退嬰《たいえい》型人間が増えれば組織全体が退嬰型一色に染まることになる。

意欲型人間とは、人生観、生き甲斐、目的を持ち、その目的を果たしたことを喜び、それが他人に認められることをさらに喜ぶ。

そして自己指向型といって、失敗や困難を自分のせいにして他人のせいにしない。環境の変化や周囲のムードにも流されないことも意欲型の特色である。

退嬰型人間は逆に、人生観、生き甲斐もなければ目的もない。失敗困難に突き当たると自分の責任を他のせいにして己を省みることはない。自分というものがないから周囲のムードに流され、時代の風潮、人気などに迷い込んでしまう。

たとえばインフレに貯金は不利というムードになれば、すぐに同調して浪費に走るのが退嬰型。意欲型は何をするにも先立つものはかねだと、一時のムードに安易に流されない。

いうまでもなく会社の組織には、意欲型人間が望ましいことになる。発展を続ける会社には意欲型人間が揃い競い合っているが、衰退会社には退嬰型人間が勢揃いしている。

ある業績不振会社に関係して幹部の集まりに出席したところ、販売担当部長が「うちの会社も景気が良くなれば売上高も増え、利益も増えるようになるのだが。何としても今回の不況は深刻で、打つ手打つ手が空回りして」と言っている。「これだけ環境が悪くなるとムリもないよ」と、一同もその文句にうなずいている。

そこで、私はこう皮肉った。

「それは大変な失言ではないか。景気が良くなったら売上・利益が増えるというなら、景気が回復すれば社長以下幹部は不必要といっているようなもの。これ以上の失言はないのではないか。景気が悪くても売上・利益を増やすことが経営と言い得るのではないか。不況で売れないというなら、その間の給与は辞退せよ」と。

こうした退嬰《たいえい》型人間を一掃しない限り、組織の活性化は期待できない。しかし退嬰型人間は住みごこちのよい場所に繁殖していて、一朝一夕に改めるには、百の説教より安住の場を取り去るしかない。そこで私は、こういう手を打った。

月々の事業計画について、それぞれの幹部本人の口から目標を声を出して言わせ、実施方法を言わせ、大きな危険がないようならそのままやらせ、翌月早々にその成果の報告を求める。その際、一切弁解がましい発言は禁止とした。また大過なければよくやってくれたとねぎらうこととした。

次の成果報告会では退嬰型の部長の発言機会はまったくなくなり、少数派であった意欲型の発言ばかりとなった。そして時をおかずして集まる幹部のなかに意欲型がどんどん増え、退嬰型は見る影もなくなっていった。それに応じて業績が急回復していったのである。

銀行の企画担当常務のころの話である。

ある日、企画部長と副部長が連名で進退伺いを出してきて言うには、

「一基二千五百万円のコンピュータを三基買い入れたところ、それ以上高性能の機械のあったことを知り、それに代えたいと思いますが、前の機械を転売しても数千万円の損になります。損はわれわれの責任ですから進退伺いを提出します」と。

とかくこうした場合、機械を売り込んできた業者に責任を転嫁しようとするものであるが、全くそれがない。

こうなると責任転嫁を禁じた私の方がうれしくなる。進退伺いに書いてある二人の名を消して自分の名前を書いた。そして「より高性能の機械を見つけたということは二人のお手柄ではないのか」と。

役立たない人はいないもの

再建会社で、一人の中年社員がのけ者扱いされていた。

各部署を独立採算性にしたために役に立たない不採算人間は除外したいのである。当人も出勤するが仕事はなし。用もないのに廊下をうろうろして「廊下トンビ」のかげ口をささやかれていた。といって給与は平均的な社員並に払わなければならないがどうかと、人事部長からもその処置で相談を受けた。

そこで私は、その社員のために別の独立会社を設立し経営を委せることを、幹部会の席上で提案をした。ところが列席の幹部たちはすべてが首を傾けるばかり。

私は「人間は、やる気さえあれば、何ごともできるはずだ。廊下トンビなどといっているが、何かやりたいから廊下トンビになっているに違いない。また、人にはそれぞれ得意というものがある。それを活かしてやるのも人を用いる者の責任といえるのではなかろうか。李白の詩に、天が才能を授けているのは必要があるからだといっているではないか。こそ泥や物まね師が人々を助けた昔話さえある」と言って、鶏鳴狗盗《けいめいくとう》の話をしたわけである。

中国の戦国時代である。秦《しん》の昭王《しょうおう》は、斉《せい》の実力宰相の孟嘗君《もうしょうくん》を招いた。秦王が招いた目的は、孟嘗君のような賢人がいては斉を撃つことができないから、自国に招き入れて亡きものにしてしまおうというものであった。そのため、孟嘗君が秦を訪れるや捕えて獄に入れ殺そうとした。

孟嘗君はなんとか逃げたいと考え、王の愛人に頼んだ。彼女は、孟嘗君が持参した天下一の白狐の毛皮を下さるならと言っているが、これはすでに王に献上してしまっている。

そのとき孟嘗君《もうしょうくん》に同行していた食客《しょっかく》（客分）の下っ端に、コソ泥の名人がいた。「私が白狐の皮衣を取り戻してきましょう」と言って、宮中に忍び込み、首尾良く蔵の中から盗みだしてきてくれた。それを彼女に渡すと、愛人のとりなしに昭王も断れず、しばらくして孟一行は許されることになった。

しかしいつ昭王の気が変わるかわからない。一行は一刻も早く秦国から脱出しようと、夜も歩き続けて函谷関《かんこくかん》まで来たのが夜中、関所の門が閉まっている。規則で夜明けの一番鶏が鳴いてからでないと開門しないという。開門まで待っては、いつ追っ手がくるかわからない。

同行していた食客たちに相談すると、これまた下っ端の男に、鶏の鳴き真似が上手な者がいて、関所に入り鶏の鳴き声を放った。あまりのうまさに本当の鶏たちも鳴きだしたため、関守も夜明けと思って門を開け、一行は無事帰国できたという。

これが史記に出てくる鶏鳴狗盗《けいめいくとう》の故事であるが、コソ泥・物まねも芸とすれば、「一芸身を助く」ことになる。どんなつまらぬ才能でも、用い方によっては役に立つということだ。

「トンビに油揚げさらわれた」というが、廊下トンビでも油揚げをさらう芸ぐらいあるだろう。新設会社に本社が出資する資金は百万円、ここはトンビにさらわれたと思って認めてもらいたいと説得した。

仕事は会社が使う消耗品、什器などの仕入・販売であったが、結局、他にのけ者になっている二人の廊下トンビを加えて、三人に新会社の経営を委せることになった。いざ新会社がスタートすると、それぞれが持ち味を発揮しだして、次第に業務の範囲を拡大していき、不動産売買の許可まで得て、社員の住宅購入に協力するなど限りがない。私が「棺桶と塔婆《とうば》の仕入販売だけは止めたほうがよい」と冗談を言ったほどである。

三人の廊下トンビで出発したその会社は、利益をあげて本社へ配当金を払うまでになっているし、不振に陥った兄弟会社を吸収合併している。会社の居候でしかなかった彼等も、いつの間にか居候を養う立場になっている。

捨て去ることを考えるよりも、捨てずにどう活かすかを考えることが、これからの指導者に求められると考えたい。むかしの賢人の言葉にしても、行ったことにしても、いまに役立たないものはない。先哲の知恵を現代にどう活かすか、そうしたことからも上に立つ人間の評価はされよう。

人は見かけによらぬもの

鶏鳴狗盗《けいめいくとう》の孟嘗君《もうしょうくん》は、三千人もの食客《しょっかく》を養っていた。

あるとき遠方から馮驩《ふうかん》という男が訪ねてきた。草履《ぞうり》ばき、ぼろぼろの衣服に長剣一本のおとし差し。孟嘗君はこれを三等宿舎に住まわせることにした。

十日ほどたって宿舎の係員にきいてみると、馮驩は、長剣のつかを叩きながら「長鋏《ちょうきょう》よ帰らんか。食うに魚なし（長剣よ帰ろうか、食べる魚もない）」と歌っているとのこと。これを聞いた孟嘗君は魚のつく「幸舎」という一段上の宿舎に移してやった。

これで満足しているだろうと思って見にやると「帰っていこうか我が長剣よ、外に出るにも馬車がない」とやはり長剣を叩いて歌っている。

こんどは最上等の「代舎」という宿舎に移してやった。これなら馮驩も満足するはずと思っていると、「帰っていこうか長剣よ、家もなければ妻もない」と、相変わらずの態度。さすがの孟嘗君《もうしょうくん》も「居候《いそうろう》の分際で」と思い、そのままにしておいた。

ところで孟嘗君は三千人もの食客を養っていたので、その賄い費用もばかにできない。これを補うために領地民にかねを貸し利息収入を得ていた。一方領民も楽ではない。利子ばかりか元金の返済さえもできない者も現れてきた。孟嘗君はこの取り立てを馮驩《ふうかん》に命じたのである。

領地に赴《おもむ》いた馮驩は、取り立てた利息十万銭で借り主全員を集め、酒と牛肉を買って宴を設けた。そして一人一人に対して返済できるかどうかの確認を行った。そしてどうしても返済不可能と思われた借用証書を傍らの火で燃やし、こう告げた。

「孟嘗君がおまえたちにかねを貸したのは、皆に生業《なりわい》の資を与え、皆の生活を安定させるためであった。また利息を取り立てるのは食客を養うためであった。今ここで返済できない者の証書を焼いたのは、わが孟嘗君さまのお心からである。きょうはゆっくりと飲み、かつ食べるがよい」と。

この報告を聞いた孟嘗君はカッとなって、馮驩にそのわけを正した。

答えて言うに、「ない者からは何十年たってもとれるものではありません。私はそのような役立たない証文は焼き捨て、かねの代わりに君の心を領民の心に刻み込み、君の名誉を高めてまいりました。これがどうしていけないというのでしょうか」と。

孟嘗君は怒りを解いて、逆に礼をのべたという。

後に孟嘗君は、讒言《ざんげん》によって宰相の地位を追われ領地に帰ってきたところ、領民は国境まで出迎えて孟嘗君を慰めたという。また三千人もいた食客もすべて姿を消したが、馮驩は一人とどまり、斉王を説いて孟嘗君を元の宰相に返り咲かせたという。

まさに「人は見かけによらぬもの」であって、見かけ倒しといわれている御仁とは雲泥の違いである。

その昔、ある地方へ講演に行った時のことである。私が控え室へ入ったところ主催者からこう言われた。

「いま一人のえらい人が入ってきて、初対面の先生に、僕は一高、東大を卒業した者で友人にこれこれの人がいると必ず言いますから気を悪くしないで下さい」と。私に学歴のないことを知っていてのご配慮である。

ややあって、その御仁が現われ名刺を出しながら「私は一高、東大」と切り出したから笑いをこらえるのにひと苦労した。その名刺にとりたてた肩書もなく、むかしの歌の文句ではないが「学校はでたけれど」のお仲間なのだろう。

銀行時代に私の自宅まで「貸出の責任者を紹介してくれと」頼みにいらした経営者がいた。

お話を伺い、紹介するだけならおやすい御用といって引き受けたが、帰り際、目の前に靴べらが掛けてあるのに、千円札（当時の最高額紙幣）を四つ折りにして靴べらの代用にしている。私はすぐに紹介を断った。見かけ倒しとみたからだが、その人はしばらくして行方不明になっている。

袋の中の錐《きり》

現職時代、社長、人事部長と共に人事異動を協議しているときであった。

ある部の部長としてAという係長が候補になったが、指導力に乏しい、おとなし過ぎるなどの反対意見が出て決しかね、最後まで持ち越された。

私はAの抜擢に賛成していたので「A君は、ひょっとして袋の中の錐《きり》ではないか」と発言した。すると人事部長が「副社長、それをいうなら袋の中の鼠じゃないですか」と理解しかねていたので、雑談のつもりで「嚢中《のうちゅう》の錐」の故事を話した。

中国の戦国時代、趙《ちょう》の国は強国秦《しん》の攻撃を受け、首都邯鄲《かんたん》も落城するのではないかと危ぶまれるに至った。助かる道は楚《そ》に救いを求める以外にない。

そこで趙の宰相であった平原君《へいげんくん》は、何千人かの食客のなかから文武に秀れた者二十人を選んで従者として、楚に赴《おもむ》こうとした。

しかし、十九人までは人選したが残り一人がいない。

すると毛遂《もうすい》という食客が進み出て、自分を加えてもらいたいと申し出た。

平原君が「士たる者がこの世にいるときは、袋の中の錐の先が袋を破って必ず外に現れるように、その力が人々の目に止るものだが、先生はここにきて三年にもなりますが、まだ一度もこれはという評判をきいたことがありません」と言うと、

毛遂《もうすい》は「それは私を袋の中に入れて下さらなかったからです。もし私を袋の中に入れてくれたら、切っ先どころか、柄まで突き出していたでしょう」と答えた。

ついに平原君は毛遂を加えて出発したが、同行の十九人は毛遂を馬鹿扱いして笑いあっていた。いよいよ楚の都に着き、趙楚同盟を進めようとしたが、楚王がこれを承知せず、朝から正午まで交渉しても決まらない。毛遂は十九人の同行者に促《うなが》されて、刀の柄に手を掛け二階にかけ上がって叫んだ。

「同盟の是非はふた言で決まること。しかるに長時間要しているとは何事か」と。

楚王は怒って、「会談中に無断で入ってくるとは何ごとか、ただちにさがれ」と。

しかし毛遂《もうすい》はたじろがず「王が私を叱るのは王が多数の兵を持っているのを頼みにしているからだろうが、いまここでは、それも頼みになるまい。王と私の間は十歩にすぎない。王の命は私の手中にあります。そもそも楚は大国でありながら、秦から何回となく恥を受け、わが趙でさえ恥ずかしく思っている。いま同盟を願うのは趙のためでなく楚のためにするものですぞ」と。

毛遂のこの一言に楚王も同盟に合意した。この誓いの印に動物の血を互いに吸い合ったとき、同行の二十人の食客にも吸わせた。

毛遂がその際いった文句が「公等碌々《ろくろく》たり人によって事をなすのみ」である。すなわち「君たちはそこらに転がっている石ころのようなもので何の役にもたたない。人の助けによってことをなすだけである」と。

この結果、趙は秦を破り虎口を脱したのであるが、平原君も、しぶしぶ同行を許した毛遂を食客の主席とし、「人を見ただけで評価せず、用いてすべきものである」と反省したという。

これが「袋の中の錐」の意味だと話したら、社長も人事部長も、「A君を袋の中に入れてみよう」と、部長に抜擢することになった。

その部長が後に常務取締役に昇進しているところからすると、指導力がなかったわけでもなければ、おとなし過ぎたものでもなかったろう。

「鳴かない猫ほど鼠をとる」、昔の人はうまいことを言ったものである。

第六章　危地突破は準備にあり

一　危地突破の用意

変に応じる智

中国の春秋時代、晋《しん》の文公は楚《そ》と戦おうとして兵を整えたが、それを率いる将軍をだれにするか迷った。

そのとき趙裏《ちょうし》という重臣が、郤縠《げきこく》を推薦し、こう付け加えた。

「郤縠は、礼楽、詩書を心から尊ぶ人間です。詩書は義の宝庫、礼楽は徳の手本で、義と徳は利を生み出す根本です」と。

これによって文公は郤縠を将としたとあるが、これから刀剣を振おうとするのに、なぜに礼儀だ、音楽だ、帝王学だと言いたくなるだろう。しかしこれは不思議でもなんでもない。趙裏《ちょうし》の掲げた条件は、幅のひろい奥の深い智力に裏づけられて、はじめて叶えられることである。ましてや戦い、それも経営の実戦ともなれば事に際し、変に応じる智がなければ勝つことができない。

西漢の始祖劉邦《りゅうほう》が、張良《ちょうりょう》、蕭何《しょうか》、韓信の三傑について、ひとりひとりを称えた文句がある。

「夫《そ》れ籌《はかりごと》を帷幄《いあく》の中《うち》に運《めぐ》らし、勝を千里の外に決するは吾子房《われしぼう》に如かず」（戦場の陣幕の中で戦術、計略を考え、これを遠く千里も離れた遠い場所で実際に用いて、勝利を決定づけてしまう事では自分は張子房＝張良にとうていかなわない）と、変化めまぐるしい状況の中で、的確に謀りごとに応じる張良のみごとな智力を称えている。

また蕭何《しょうか》を「国家を慎《つつし》め、百姓を撫《ぶ》し、餽餉《きしょう》を給し、糧道を絶たざるは吾蕭何《しょうか》に如かず」（国を安定させ、人民を養い、兵糧を前線に送り、輸送路を確保することでは、私は蕭何《しょうか》にかなわない）と、その用意周到な智力を称えている。

また韓信については、「百万の衆を連ね、戦えば必ず勝ち、攻むれば必ず取るは吾韓信に如かず」と。韓信はただ武勇だけが優れた人物というのではなかった。

別記したように、背水の陣を敷いて一万の兵で二十万の趙を破った奇跡ともいえる勝利は、孫子の兵法で状況に応じた戦い方を説いた「九地篇」にある「これを亡地《ぼうち》に投じて然《しか》る後に存《そん》し、これを死地に陥れて然る後に生く」（自軍をもう亡びるしかないところに投入し、はじめて軍の存亡をかける働きがうまれ、兵が死ぬしかない状況に追い込んではじめて死んでたまるかという勢いが生じる）を事前によく学んで準備していたからで、これもまた変に応ずる智の勝利ともいえよう。

さらに、次の故事もある。

斉の参謀長孫臏《そんぴん》が軍を率いて魏《ぎ》に攻め入った時のことである。

これを迎え撃ったのが魏の将軍龐涓《ほうけん》であった。

孫臏は攻め入るや、炊事のカマドを十万作らせ、翌日には五万に減らし、翌々日にはさらに減らして二万にしてしまった。いかにも連日兵士が逃亡していくかのように見せかけたのである。

たちのぼるカマドの煙が日を追って少なくなるのを眺めた龐涓は、三日もたたないうちに多数の兵士が逃亡していることは、すでに戦意を失っているからだ、反撃の機会を失ってはならないとして急進撃を開始した。

これを知った孫臏は、敵の速度を計算し、敵軍が山の険しい道を通過するのは夜と考え、そこに立っている大木を削って「龐涓此の樹下に死せん」と書き、兵士たちに待ち伏せさせて、敵のたいまつの火を見たら一斉に弓を射よと命じた。

果たして木の下に来た龐涓《ほうけん》は、何やら書いてあることに気づいた。火を灯して見ようとしたら一斉の弓の矢。兵士たちは逃げまどって潰滅し、龐涓《ほうけん》も「とうとう青二才の孫臏に手柄を立てさせてしまった」と言って自ら首をはねて死んだと十八史略にある。

それにしてもこの青二才の智には、智の神も一目おくことであろう。

先賢の知恵を盗む

世の智者は、さまざまな状況のもとで智を働かせて成功をつかんでいる。

秀吉が築いた墨股の一夜城にしても、清洲城土塀の三日普請、さては鳥取城の兵糧攻めのいずれも、人並み以上の知恵を働かせた成果といえるだろう。

孫子に「百戦百勝は善の善なるものにあらず、戦わずして敵の兵を屈する者は善の善なり」とある。いわゆる「戦わずして勝つ」ということである。

それにしても、戦わずして敵を屈するにはどうすべきか、知恵の用意が必要になる。

現代の会社経営にしても知識がなければ発展どころか、現状を維持することさえ困難になり、実績を上げるどころか手を上げなければならなくなる。近年では、次から次に繰り出されてくる新たな知識を活かすだけの知恵がなければ、人後に落ちる危険さえでてきている。今から四十年以上も前に出現し、世の中にすっかり定着した感のある回転寿司にしても、開発した人はビン詰めビールの製造工程からヒントを得たというが、ガメツイほどの知識欲がなければ気づくことさえなかろう。その後も回転寿司はさまざまな知恵を追加していって、今日でも人気が高い。

知恵を早く得るにはどうすべきか。

私見からすれば先賢の知恵を盗むということである。

たとえば孫子の兵法に「迂直《うちょく》の計」というのがある。迂は曲線、直は直線の意味で、「急がばまわれ」、遠回りして敵に勝ち従わせることである。遠回りして敵に油断させ急襲して破る。あるいは敵より遅れて出征しながら先に到達しておいて敵を破る。

この例としては「閼与《あつよ》の戦い」がある。中国の戦国時代、秦は大軍を動員して趙《ちょう》の領内に突入してきたので、趙王は名将趙奢《ちょうしゃ》をして迎え撃たせた。

趙奢は出撃したが敵よりはるか手前に陣を敷いたので、都に近く陣している秦軍の大軍は、これは趙の都を占領するのも易しいというので安心していた。ところがこの油断をみすましていたかのように、趙奢は総力をあげて秦軍を急撃し、秦は虚を突かれ敗走してしまった。

わが国でも織田信長の死を知った秀吉は備中高松城の水攻め中であったが、直ちに和解し、二日間で八十キロを突破し京都山崎で光秀を討っている。光秀は、秀吉が毛利軍と交戦中で直ちに動けまいと考え、その間に毛利と共に秀吉を狭み討ちにしようとしたが、秀吉の速い出現によって計画倒れに終わっている。秀吉の早駆けの秘密は足早の武士を選び先発させ、まず敵の度胆を抜いておいて、後発部隊が到着するということで、知恵の上に知恵を重ねた戦法といえるだろう。

文武両道というが、武力は智力を得てさらに活かされるものである。

三国志の一方の雄である呉の孫権《そんけん》は、将軍呂蒙《りょもう》が武道には優れているが学問に不足しているのを知り、将軍に知識の吸収に務めるよう奨めた。呂蒙もこれに応えてあきずに学びつづけた。

智将魯粛《ろしゅく》が遠征中の呂蒙と話し合ったところ、なかなかの智将に変わっていたので「また呉下の阿蒙《あもう》にあらず」と称えている。呉にいた頃の呂蒙さんとは全く違って、むかしの無学ぶりがうそのようだわい、という意味である。

この呂蒙は後に、蜀《しょく》の猛将関羽《かんう》を謀略によって捕え殺している。呂蒙に知恵の蓄えがなければ、この謀略も生まれなかったといえるだろう。

現代でも世界の優れた指導者たちは、先賢の知恵によく通じていて、難局打開の知恵として活用している例は多い。

たとえば湾岸戦争での連合軍の総大将であったシュワルコフ将軍は、孫子の兵法を熟知していてさまざまな作戦に応用したと聞いている。またコンピュータソフトで世界を席巻したビル・ゲイツも熱心な孫子の研究者で、世界制覇の経営戦略展開に応用したことが知られている。

昔のいくさも、今の経営戦争も、先賢から得た知恵なくして武力、戦力、技術力だけでは、かんたんに勝利は得られないといえよう。

智は勇気を生む

言志四録に「果断の勇は、智と義からくるものであるが、最高のものである」述べている。

将たる者の条件は、判断、決断、断行の三断にある、とは私の持論であるが、判断する勇気の根源は、智と義によるものが最高という指摘には重いものがある。

「義がなくて勇だけの者は反乱を起こし、あるいは盗みをなす」と論語にあるが、判断するための真の勇気は義、すなわち正しいか否かによるといえよう。では果断の勇の智とはどういうことであろうか。

私なりに「勇は自信にあり」と考えているが、それなら、自信の源泉はなにか、と問われたら「先賢の裏づけを得ること」としている。先賢の智は勇をもたらすのである。

自分がこれから断行しようとするとき一番大切なことは、成功の確率といえるだろう。確率が高ければ成功を確信して勇気も出るが、成功する見通しがあいまいであれば勇気も減殺《げんさい》されることになるだろう。それなら、この確率、つまり自信を私は何によってもつことになるのか。

たとえば、再建会社で行った分社経営である。

再建を期待されて入社はしたが精密機械メーカーのこと。ソロバンと札勘定だけを能として暮らしてきた人間にとっては五里霧中。まして士気振るわず、命令届かず。急激に傾く会社をいかんせんと思索しても、別記した虞美人《ぐびじん》の返歌ではないが「四面楚歌の声、大王（経営者）意気尽きぬ」と気取っているわけにはいかない。

心ある幹部に再建策を問うても答えなし。恥を忍んで知恵を借りる人はなし、頼みとする銀行からは見離される。目立つものといえば、事ある毎に立てられた労組の赤旗。これでは私ならずしても白旗（降伏）を立てたくなる。

思索にくれていたとき頭に浮かんできたのが、夜学で読んだ十八史略抄本であった。さらに三十才代に読んだ中国の歴史、哲学、宗教書など、もっぱら心の教科書というものであった。

論語に「われかつて終日食わず、終夜いねず、もって思う。益なし。学ぶに如《し》かず」（私はかつて寝食を忘れてあることについて考えてみたが、たしいて得ることはなかった。やはり、読書を通じて学ぶことのほうが早道であった）とある。「案ずるよりも産むは易し」というが、「案ずるより読めば易し」ということだ。

そうしていたとき、頭にひらめいたのが、孫子の兵法であった。

孫子にある「兵は多きを益とするに非《あら》ざるなり」「勢いに求めて人に責《もと》めず」などの文句を思い浮かべてみると、これまでの組織が勢いを求めていなかったことに気づく。

多ければ、多きを頼む心が自然に生まれているだろう。それぞれに依存心があれば果断の勇は自然に失われてくる。

そこまで考えてくると、孫子の「呉越同舟」の故事が頭に浮かんできたのである。そして本書ですでに詳しくのべたとおり、私は分社経営に踏み切り、社員相互の依存心を奪い取って、体当たりの勇を期待したのである。しかし私に三十代での智の準備がなかったら、ただ案ずるだけに終わっていたに違いない。

二　時間は活力増進剤

時間という督励者《とくれい》

「歴史上のあらゆる瞬間ははかないものであるが、貴重にして唯一無二の時である。その中には幾十年、幾世紀もの進路を定める始まりの時もある。その時に直面しているのが現在のアメリカである」。

この言葉は、一度読んだだけで記憶も曖昧になっているが、アメリカのニクソン大統領が新任演説の中で述べたものである。

当時アメリカはドル不安が高まり、ベトナム戦争終結の難題に直面していたため、大統領としてその解決への強い意志を示したものであったろう。この文句は、必要な事は即刻処理せよという命令にも聞こえるし、混沌の中からなにが大事かを判断し、そのための正しい方策を決断し、早く結果を得よと促しているようでもある。

この言葉には、われわれの処世や企業経営におけるものごとの判断、決断、断行に、そのまま用いることができそうである。現在のわれわれがおかれている立場にしても、判断し、決断し、実行するうえで僅かな時間の差でも、勝敗の差は大きい。

孫子の兵法に「拙速を聞くも未だ功の久しきを睹《み》ざるなり」とある。

即戦即決で勝った例はきいたことがあるが、戦いを長引かせて成功した例をきいたことはないという意味である。なるほど戦いに勝ったとしても戦い疲れて国も人も精魂まで使い果たしてしまうからだ。

そこで人々は結果を速くするために事を急ぐ。たずさわる人々も、懸命に励むことになる。

上に命じられなくとも他に負けまいとする競争本能なるものが命ずるのである。

入学試験に合格するために、平素遊んでいる者も徹夜で勉強しだす。会社などにしても期末近くになると、ハッパをかけたりかけられたり、活発に動き出す。いずれも時間という督励者に励まされるからといえよう。

銀行時代、私にもこんなにがい経験がある。

私の課長時代であったが、新時代に対応するため銀行の「機械化推進七ヶ年計画」を作成し常務会に提出した。よその銀行ではどこも実行されていないデータ通信システムも含まれていた。私が会議に出席して説明に努めたが、毎度、審議未了で返される始末。無理からぬことで、どの銀行でもまだ実行していなかったし、革新的なシステムだけに理解できなかったのだろう。

六回出して六回返却に、もはやこれまでと思って頭取に直接許可を求めた。

頭取は「何回も提案しているが、その間、どこか訂正した箇所があるか」と聞いてきた。

「一字も改めたところはありません」

「それならよいが、ここで一字訂正すれば、すぐ印を押そう」と言う。

「どこの一字ですか」と聞き返しながら表をめくり始めたところ、「そんなに資料をめくることはない、一枚目の一字だ。〝年〟の一字を〝期〟に直せ」。

当時銀行の決算は上、下の二期。年を期に直せば、七年は七期となり三年半、つまり時間は半分に短縮することになる。「そんな性急な」と一言口に出そうとしたが、すでに頭取は決裁の印を押している。

これでは文句も言えず書類をもち帰り、部内の担当者に話したところ「とても半分の期限では無茶です」と納得しかねていた。そう思うのもむりはない。

私は、「没になるよりよかろう、やれるだけやってみよう」と、とにかく始めたが結果は半年早く三年で完了している。部内一致して取り組んだからだろうが、部内一致をもっとも促したのは「時間」であったのである。

機械の試運転の日、頭取も参列して言うには「井原君、今度は僕の負けだった。年を期に改めさせたが、期を月と言えばよかった」と冗談を言っていた。

時間はだれにも平等に与えられている

人間社会には、一度去ったら戻らないものもあれば戻るものもある。そして戻らないものを一つあげよといったら、誰しも時間をあげるだろう。

また、自然は生物にすべて平等といっても、時間以外は時と場合で不平等になることもある。しかし時間はどんな生物にも平等である。

それだけに人間社会では時間を無駄なく利用した者が間違いなく有利となるともいえる。同じことに長時間費やすのと、短時間で終えるのとでは大きな違いになる。それだけ時間の奪い合いも起きてくる。スポーツ選手が一秒の何分の一かを奪い、力士の勝敗が一瞬のうちに分かれる。いずれも時間との争いといえよう。

私は今日まで時間のムダ使いのないように相当心がけてきたが、とくに近年では先が無くなってきたためか、日常の暮らしぶりにも時間の有効利用に心を配るようになった。それだけに心せわしくも感じられるが、残された時間を考えると懸命にならざるを得なくなっているということである。

いつも朝は四時から五時には起きるが、別に年をとったから早起きになったというわけではない。若いころから、母の手伝いで朝づくり（朝食前に農業をすること）をしたことが習慣になったと思うが、要するに朝寝はもったいないと考えているからだろう。もっともそれだけ時間に働かされているとも考えられなくはない。

別記したように若いころは、農繁期になると勤務を終えて銀行から帰宅するや、背広を百姓着に替える時間も惜しんで田畑に飛び出したものだ。借金返済のためには農作業が遅れれば減収になる、さらには返済日に間に合わせねばならないというように、時間との勝負がつづいていた。いまにして思うと銀行から帰って、母の用意した芋や豆を俵に入れて荷車に積み坂道を引き上げたときのバカ力も、時間に勝つために出た力ではなかったかと思う。

先んずれば人を制す

「先んずれば人を制す」という文句はいまもよく使われている。

秦の始皇帝が死ぬと、秦の打倒を目指し各地の勢力者が立ち上がった。会稽《かいけい》郡の郡主だった殷通《いんとう》もその一人。

その殷通が、項羽の伯父項梁《こうりょう》に指揮官になるように頼みに来たときに、

「江西《こうせい》皆反す。これまた天の秦を亡ぼす時なり。先んずれば即ち人を制し、後《おく》るれば則《すなわ》ち人の制するところとなる」と言ったとか。

江西地方の人々はみんな反乱軍に呼応している。いまや天が秦を滅ぼそうとしています。人より先手をとれば人を抑えることができるが、後手に回ると人に支配されてしまうと史記に記されている。

これには異説があり、項梁が訪れた殷通《いんとう》をまず斬り殺して「先んずれば人を制す」と言ったとも伝えられている。後世の人があるいは付け加えたのかもしれないが、どちらが真説かはともかく、現代の企業経営の場では、まさにこの通りのことがいえよう。

NHKドラマ「利家とまつ」を家族と見ていると、「勢力に勝れた柴田勝家を破り天下を得た理由は何であったか」と秀吉が家臣たちに問う場面があった。

答える者がなかったので、秀吉は「それは〝時〟に勝ったのである」と話して、こう付け加えた。

「たとえば清洲城の土塀の三日普請、墨股の一夜城、備中高松城からの大返しなどいずれも時の勝利といえるだろう」と。

既決・未決函

私が第二の会社へ入った日に自分の部屋へ案内され、これが机ですと知らされた。机の上に「未決・既決」の書類函がおいてある。広くもない机の上に大きな函二つ。知らぬふりしてわけを聞いてみた。秘書室長が丁寧に説明してくれた。

「各部内からいろいろな書類が出てきます、それを副社長が決裁することになっていますが、決裁したものをこの既決函に、しないものはこちらに入れておくことになっております」と。

私は説明も終わらないうちに「私にはこの函は要らないから片づけてください」と言って取り除かせてしまった。理由を聞かれたので「昔から私は即断即決にしているので」と言っておいた。

社員に対して「時間を無駄にするな。能力を上げろ」などと号令をかけている当人が、はなはだしい時間の無駄をしていることが多いものである。

私は銀行時代から、提案者の口から提案理由をしっかりと聞き、可否をその場で決定してしまうのが常であった。可については「いつ始め、いつ終わるのか」を聞くことにしてきた。

出張以外は決裁が滞ることはなかった。

それなのに、一般ではなぜ函が必要なのか。思うにその理由はただひとつ、当人の決裁能力が鈍いからではないか。

即断即決しない理由を探れば、責任ある立場だから慎重に判断しなければならない、即決しては威厳を損なうから勿体ぶる、問題を軽視していると受け取られるから時間をかける、いや多忙で決裁する時間がない等々を理由にしているようだが、多忙で決裁する時間がとれないという人は、余計なことをしているからだ。ある本に、上に立つ人が多忙なのは、時間の七、八割をやらなくともよいことに費やしているからだとある。この説を否定できる人は皆無だろう。

「よく考えた上で決裁する」という人間に限って、よく考えたためしはない。

決裁に迷っているような者は、言志四録を読んでみるがよい。

「朝食せざれば昼に餓え、少にして学ばざれば壮にして惑う。餓えるは忍ぶべし。惑うはいかんともなし難し」とある。

朝、食事をしないと昼には空腹になる。若いうちに学んでおかないと壮年になって、物事の判断に戸惑うことになる。空腹はがまんできるが壮年にもなって迷っている者はなんとも救いようがないという意味だ。

いい年をして決裁できないようでは、どうしようもない。残る道は決裁者としての椅子から降りてもらうだけである。

決裁が延びれば延びるほど、提案者の不安もつのれば、やる気も鈍ってくる。

提案が出されたら、すぐ提案者から熱心に説明を聞き、即刻即決してやれば提案者の感激も大きく、やる気もさらに高まるに違いない。提案者一人の感激は担当者全員に浸透し、強力な集中力となっていくはずである。

時の勢い

孫子の兵法に「激水の疾《はや》くして石を漂《ただよ》わすに至るは勢《せい》なり、鷙鳥《しちょう》の撃ちて毀折《きせつ》に至る者は節なり」とある。

せき止められた水が激しい流れとなって大きな岩を押し流してしまうのは水の流れに勢いがあるからだ。鷲のような猛禽が、捕えた獲物を一撃のもとに打ち砕いてしまうのは瞬発力があるからだ。

このように戦い上手の人は、力を一点に集中して勢いをつけ、敵を撃破する戦法をとるものである。これを言い換えれば経営の達人といわれる人は、力を組織ぐるみ一点に集中して勢いをつけ目的を達するということである。

亜聖といわれた孟子も「知恵ありと雖《いえど》も勢いに乗ずるに如かず」といっているように、なまじ知恵を絞るよりも、組織ぐるみの勢いをどうつくり出すかである。

別項でものべたが、第二の会社の再建五ヶ年計画実施の最重点を借金返済におき、それに全勢力で当たるべしと号令をかけた。

その時話したのが、織田信長の「兜首（兜をつけて位の高そうな人の首）に目をくれるな、自分の望みは義元の首一つである」の一声であった。

とにかく借金を減らすことに集中する。借金が減れば、その分の支払利息がボーナスに変わってくるぐらいは説明しなくともわかる。わかると希望もでて、これが勢いとなり三年で借金を完済しているが、組織ぐるみで激水の勢いとなって借金返済に全力投球したからである。

「時間の有効利用」とはよくいわれることだが、どうすれば有効になるのかという点になると答えもあいまいになってくる。

私なりの言い分になるかもしれないが「時間は生き甲斐を与え、怠れば鞭《むち》となってくれるもの」と考えているわけである。仕事のないときは、なにか人生を損しているかのように思い、仕事が見つかると一挙に若返ってくる。

「世の中に寝るほど楽があればこそ、浮き世のバカは起きて働く」という歌があるが、起きて働くからこそ寝て楽しいのであって、働かず寝てばかりいたら苦しみになるだろう。

忙中の閑

人間の精神力は人によって強弱がある。トップの精神力に比べ、部下のそれは劣っているのが通常である。精神力の集中も、時間が長くなるにつれ、程度に差が生じてしまうものである。

また部下にいかに旺盛な精神力があっても、体力が伴わなければ効果を期待することはできない。したがってトップが権力や暴力によって力を発揮させようとしてもかえって反対の効果を招くことになる。

別項でも述べたが、木下藤吉郎は清洲城の土塀修理のとき「疲れた者は休め、十分に寝ろ」と言っている。休んだらその分仕事は遅れそうにみえるが、体力が回復するため、精神力を持ち直してかえって能率は高まるものである。また事実、その通りの結果となっている。

私は銀行の常務時代、管下の部長たちに自分の一分間の給料はいくらか計算させたことがあった。いずれの部長も、バカにできませんねと言っていたが、「その一分間の中身が問題だ。ぼんやり過ごすのと、精神を集中させて取り組むのでは雲泥の差ができる。とくに上に立つ者の優柔不断と決裁遅滞の弊害は決裁者一人に止まらない。組織全体の士気の衰退にも及ぶ」と言っておいた。

また「皆さんの時間単価が部下より高いのは、部下にいかに意欲的に仕事に取り組んでもらうか、指導料が含まれているからだ」と言って、前にふれた次の話をした。

三国志に出てくる諸葛孔明は、軍勢を引き連れ何度となく国元を離れて長期の遠征をしている。八年間に五度もの遠征をしているが、兵士は逃亡もせず参加しつづけたという。その理由は、兵士に一定期間の休暇を与え郷里へ返したからだ。

あるとき戦線が緊迫したが、孔明は兵士との約束を守って帰省を命令したところ、兵士たちはこれを辞退し、旺盛な精神力で戦ったという。緊張のつづく戦場にあって「忙中の閑」をもうける思いやりのこころが、兵の気力を長期間にわたって維持することになる。ときには部下を休ませ、常に精神力を発揮できる状態にしておくということも統率の要点だろうと。

急がばまわれ

「事は予《あらかじ》めすれば即ち立ち、予めざれば即ち廃す」と中庸《ちゅうよう》にある。

要するにものごとは予め準備して取り組めば成功するし、無準備で取りかかると失敗するという意味である。

とかく準備しているより、すぐ取りかかったほうが早いと考えがちだが、失敗でもすると何倍かの時間の浪費となる。急がばまわれとは、こうした場合にも通じてくる。

さらに、その準備がいつ役立つか計りしれないことであっても、人々を安心させ、それが働き甲斐につながってくるものである。

バブル当時、財務担当部長から「現在会社の余裕資金が何億円ほどある。これを運用して利益をあげたい。われわれにも手柄を立てさせて下さい」と言われたことがある。

「あの資金は不時の災害に備えているものであるから、手をつけてはならない」と即座に退けた。

「いつくるかわからない災害に備えるのもよいが、それまでの間運用して儲ければよいではないか」と当の部長は納得しない。

「災害はいつくるかわからない。もし大災害にでも見舞われたらどうなる。工場は倒れ、電気も絶え、生産、販売もできなくなる。全くの休業状態になるが、その場合、そこで働く社員に、会社は休業状態だから皆さんの胃袋も休んでくれと言えるか。会社というものは、どのような事態になっても社員の生活を守ることを第一優先としなければならない」と言って断固拒絶しておいた。

バブル終わって不況襲来、皆さんもご存じのように投資対策のすべてが崩壊。

後になってその担当部長と茶飲み話をした。「あなたは投資して儲け、手柄を立てさせてくれと言ったが、投資で儲けた手柄よりも、投資を中止して儲け損なった以上の大きな手柄を立てたね」と話したら、「皮肉いわないで下さいよ。しかし中止したおかげで私も命拾いできました」と。

もし、あのとき私も利に釣られて利殖に走っていたら大損を招き、社員を失望させ、不満、不信を招き、志気にも大きな影響を及ぼしたに違いない。損せずに残った余裕資金は、社員に安心と希望を与え、それが活力ともなっているに違いない。準備というものは、物的効果に止まらず精神的にも大きな効果をもたらすものである。

三　経営の準備

長寿の秘訣

私は、別記したように十八才の時に父に死なれ、譲られた借金返済の準備のために毎日を追われるような日々が十四年間もつづいた。そのためか、

「人生は準備である」

「経営は準備である」

「智力、財力、権力、これすべて準備にあり」

という具合に、さまざまなことを準備と結びつけてしまうようになっている。しかも私にとっては、準備することが人生の楽しみのひとつになってしまったようだ。

「準備とは人生の楽しみのひとつである」と最初に思ったのは、借金をかかえて苦労が絶えなかった若いときのことである。返済日に間に合うだけの金額をなんとか整えることができると、寝るときも起きるときも気力が湧き出るような気持ちになった。それがいまだに、準備とは楽しいものとして心に染み着いているのかもしれない。

先日ある人から「あなたの長寿の秘訣はなんですか」と聞かれ、

「毎日準備しているからでしょう」と答えた。

解しかねているようであったからこう説明した。

「私は老後の準備として五十才のときから花木園芸を始め、いまは果実、野菜作りに変えているが、野菜はすべて種蒔きから始める。新しい生命を生み出すことが人生最高の楽しみだからだ。また種の採れるものはすべて種を採って来年に備える。その種採りもまた楽しい」

と。

それらを植える場所は、スコップで土を掘り起こして石灰、堆肥を埋め込む。九十才を過ぎると相当の重労働だが、疲れても翌日になると出かけたくなる。年寄りの冷水とでも思ってか、娘たちが私の家に来る度にスコップを取り上げていくが、しばらくして取り戻し始める。テレかくしに「バカは死ななきゃなおらない」と森の石松を気取ってスコップを持ち出す。自分なりの楽しさがそうさせるのである。

準備の楽しさとは、結局のところ、成果を期待する悦びがあるからだろうと思う。

別項でものべたが、私は二十才のとき自分なりの生涯効率計画を立てた。二十才から五十才まで十年刻みの計画であったが、その目的とするところは学士様（大学卒業者）に追いつき追い越すというものであった。浅学非才のささやかな望みであったし、気の長い計画などといわれたが、希望をしっかり心に刻み込んでいると、あまり気にもならない。借金返済期間中も、それが苦とは感じなかった。こうした準備もいつかは実を結ぶと信じていたからに違いない。

先にあげた「事は予《あらかじ》めすれば即ち立つ」ということを信じ、準備を進めていると次第に確信が持てるようになる。それがまた励みとなってくる。

降りかかってくる苦しみを避けては悦びを味わうことはできない。また、降りかかってきた苦を克服しただけでは、普通の悦びを味わうだけで終わるが、苦に進んで挑戦しこれを克服するところに真の悦びが得られると思うのである。

節約は準備である

現職時代私は、「節約せよ、合理化を進めよ」という号令をかけつづけてきた。

「かつての窮地のときはいざしらず、いま会社も好調なのに、そんなことを言うこともあるまい」と多くの社員から言われた。私はいつもこう答えた。

「人に千日の好《よし》みなく、花に百日の紅《くれない》なし」。つまり人間に千日も良いことが続くことはなく、花が百日も赤々と咲き続けることはないというが、いつまでこの好況がつづくかわからない。いずれは不況になるだろう。社員の給料さえ重荷になってくるに違いない。そうしたときの用意に「賃金を払わない社員」を入れようと思って、いまこうしてケチっているわけだと。

「月給を払わないでも入ってくる人なんかいるもんですか」と切り返してくる者もいた。

これに対しこう答えた。

「必要なものだけに支出して、欲しくても買わないだけでも一億円や二億円の節約ができる。節約して残った金は準備金として会社に残る。これを年三％に運用するか、借金返済に当てただけでも三百万円の金が湧いてくる。三百万もあれば新入社員一人分の給料ぐらい賄えるだろう」。

「ある優秀会社では営業外収支だけでも年一千億円といわれている。一千億円もあれば年収一千万円の社員を一万人無給で働かせているようなものだ。こうした準備金というものは、年内無休で、寝ることもなければ食費もなし、文句もいわなければ、退職金さえ要求しない。これほどの優良社員は他にはおるまい、この優良社員を多く求める道は、合理化して準備金を増やす以外にはない」と。

創造力は準備から生まれる

むかしから、「財を得るには時を得よ」といわれている。金を得るには、買い時を選べということであるが、時があっても資金がなければ儲けたくても手も足もでなくなる。

それに好機などというものはいつくるかわからない。また好機を掴むには投資する資金の準備が必要となる。

日露戦争のとき、鈴木久五郎こと鈴久は日常の戦勝相場で株を買い、一躍株成金となった。当時の資金で五万両の準備があったからだ。しかし、儲けた金で豪遊し、終戦を見失って一夜乞食になっている。儲けた金を反落に備えることを忘れていたからであり、有頂天になって、終戦、反落の時を誤った悔といえるだろう。

かつて日経連の専務理事であった前田一さんという方と対談したことがある。

「創造性とはなにか」と私が質問したのに対し、

「それは準備である」と答えてくれた。

前田さんは総会のとき労働問題についての講演をするが、終わるとすぐに次回はどういうことを話すか考える。つまり次の準備をしている間に色々と新しい考えが浮かんでくると言っていた。なるほどニュートンの万有引力の発見にしても、リンゴが上から下に落ちるのはなぜかという疑問を解決しようという目的から一瞬にヒラメイたもので、これにしても準備中の発見といえるものである。

むかしから「周到な準備」がだいじなことは変わることはない。しかし人、物、金の準備を万端整えたとしても、心の準備を怠っては「九仞《きゅうじん》の功を一簣《き》に虧《か》く」（積み重ねてきた準備も、ちょっとした気のゆるみですべてを台無しにする）おそれがでてくる。

本章の冒頭で紹介した中国春秋時代の五覇のひとり晋《しん》の文公は、天下制覇のため、人員、兵器、食料すべての準備を終え出陣しようとした。

それを諌めたのが重臣の子犯《しはん》。

「まだ人民は義の何たるかを知らず、生活が安定しているとはいえない状態です」と出兵中止を進言した。

そこで文公は、義のなんたるかを徹底させるため外交政策として周王の地位を安定させると共に、内政面では人民本意の政策をとり民生の安定に努めた。

文公は、これでよしと考え、兵を進めようとしたが再び子犯が諌めた。

「まだ出兵はなりません。人民はまだ信のなんたるかをわきまえておりません。互いの信頼にもかけております」と。

そこで文公は、原という国を攻めて信のなんたるかの手本を示した。

別記したように文公が原を攻めたとき、作戦期間は十日であると部下に約束して出兵したが、約束の十日たっても原は降伏しない。内偵に出ていた兵からあと三日で降伏しますという報告を受けたが、原を取るより約束を守るほうが大切であるといって降伏を待たずに引き揚げてしまった。原はそれほど約束を堅く守る主なら信頼できるということで降り、それを聞いていた隣国の衛《えい》も降伏してきた。

文公は、ここまで準備すればよかろうと思って出兵しようとしたが、またまた子犯が止めて言うには「まだ人民は礼のなんたるかを知りません。上の人を敬う心に欠けております」と。

そこで文公は広場に兵を集め大演習を行って礼のなんたるかを教えた。また先に記したように総大将を選ぶときに、礼楽と詩書に通じた郤縠《げきこく》を任命している。詩書は義の宝庫であり、礼楽は徳の手本であり、義と徳は利を生むという理由からであった。

文公は、こうした準備を整えた上で楚を破り、衛を平らげて天下を制し、春秋五覇の一人に数えられている。

現代でも、人を得、資金を整えて出発しても、次第に衰退していくものもあれば、消え去る企業もある。すべて整ったと思うが最も肝心な心の準備が整っていないからである。

それにしても、戦いといえば、人、兵器と食料さえあれば十分と考えがちだが、詩や音楽まで必要とは理解に苦しむ向きもあろう。将ともなれば人が人だけで用をなさないのであり、多くの人を用い活かすには、それら一人一人の力を一つに結集しなければならないからである。

現代の組織にしても、礼は上下左右、楽は人の心を一つにする力を持っているもので、それをどう活用するかが将たる者の能力ともいえるからである。

〝新〟を〝旧〟に改めよ

第二の会社に入ってからのことである。

時々開催される「新商品開発会議」なるものに出席してみた。精密機械については全くの不案内で聞いてもわかるまいと思ったが出席したわけである。

開会の前においてある説明資料に目を通したところ、開発期間は二年となっている。商品化して販売にこぎつけるのは、さらに先になる。

担当者が説明に入ろうとしたので、私が口火を切った。

「説明する前に一字訂正してはどうか」と。

「どこの一字ですか」と言いながら、担当者が資料をめくり出した。そのむかし銀行時代の私が頭取の前でやったのと同じだ。

「そう何枚もめくらなくともよい。一枚目の最初の一字だ」と、私は当時の頭取を思い出しながら言った。

「最初の一字は新商品開発の新の字ですが」と担当者は怪訝《けげん》な顔をして聞いてきた。

「その新の字を旧に書き改めてはどうか」

「旧商品開発になって意味もわからなくなります」とむっとしている。

「弊社が二年もかけて新商品を出しても、他社が一年で販売したら、当社製品は旧製品になってしまうだろう。とすれば旧とした方が正しいと言えないか」

「二年としたのは大事をとったからです」

「大事などとることはない。期間を長くすればやる人の気も長くなる、つまりタルミがでる。期間を短くすれば全知全能を傾けて取り組むことになる。そこから創造性も生まれ、魂のこもった立派な製品ができるはずだ」。

頭取から受けた教訓を猿まねしただけであったが、担当者が精魂込めたため一年でしかも予想以上の商品が完成している。時間が開発に直接手助けしたわけではないが、時間短縮が人間に活力を与えてくれるようである。時間をムダ遣いしないようにすると、時間はそのお礼として、人間に効果的な能力向上策を教えてくれるようである。

たとえば目的を早く達成しようとする場合、人は否応なしに目的をひとつに絞り最短距離を選ぶようになるものである。幾つもの目的を持てば、かえって遅くなる恐れがあるからだ。

事業経営にしても、分を超えてあれもこれもと手を拡げてすべてものにならないことが多いが、ひとつに目的をしぼれば案外成功するようなものである。

人の能力も同じで、幾つもの目的を持っては大きな目的を達成することはできないばかりか、すべて失敗のおそれもでてくる。これほど大きな時間と人、かねのムダはない。

第七章　トップの自己形成

一　幾度か辛酸を経て志はじめて固し

人間難事幸福への道

上に立つ人のもっとも心がけたいことは自己形成といえよう。

自分が未完成でいて、部下に完成を求めることはできない道理である。もちろん完成した人間を用いることもかなわない。危地に臨んでも動ぜずにトップとしての正しい道を選ぶために、日頃からの自己形成は欠かすことのできない重要事である。

そこで私のこれまでの体験から、トップの自己形成にもっとも肝要だと思われる要素について、項を分けて述べていきたいと思う。

まずは、トップとしての「志の大きさ」と「志の堅牢さ」について取りあげる。

「志《こころざし》は易《やす》きを求めず、事は難き事を避けず」と後漢書にある。

要するに簡単に達成できるような志をもちなさるな、事にあたっては、困難だといってやめてしまったり、安易な道を選んだりしてはならないという意味である。

現職時代にこんな経験がある。

ある子会社の年間業績の報告を受けたときに、責任者から次のような意見がでた。

「社員の平均年令が三十四才にもなったので収益が伸び悩んできた。来春は二十才程度の若い社員を入れて平均年令を若くしようと考えている」と。いかにも名案でもあるかのようにのべている。

よほど四十才代のあなた方が退いたほうが平均年令が大きく下がるのではないかと言おうと思ったが、これでは大きな皮肉になる。そこでこう話した。

「そういう考え方は、人間誰も年をとらないということでなければ成り立たないと思う。不老長寿の妙薬でも開発したのか。それならまさにノーベル賞ものだ」と。

「それならどうしたらよいのか」と聞かれたので、

「若い人を入れて僅かに平均年令を下げるより、思い切って三十四才を十七才と半分にすることから発想すれば妙薬が出てくるはずだ。平均年令が問題ではなく、年令に比例して賃金が高くなるのが悩みの種なのであるから、一人当たりの利益を二倍にすれば、平均年令など半分の十七才分になる勘定だ」と話した。

とかく簡単な道を選ぼうとするから解決は難しくなる。難しいことから始めれば解決は簡単になる。

中国の故事に「人間万事塞翁《さいおう》が馬」という寓話がある。私はこれを読み替えて「人間難事幸福への道」と自分に言いきかせている。「人間万事塞翁が馬」とは、人の世の幸福や災いは定まりがないことのたとえで、話はこうである。

塞《とりで》の近くにすむ老人の飼っていた馬が胡《えびす》の国に逃げてしまった。人々はみな慰めてくれたが、老人は「いや、いつ突然このことが幸いするかわからない」と答えた。

数カ月後に、逃げた馬が胡の駿馬を連れて戻ってきた。人々はみなお祝いを言ったら、老人は「いやいや、これがいつ急に災いとなるかわからない」と。

やがて老人の家に良い馬が増え、老人の子供は乗馬が好きであったが、ある日落馬してふとももを骨折した。人々はみなお見舞いを言ったが、老人は「これがにわかに幸いにならないことがあろうか」と。

一年後、胡が大挙して塞《とりで》に攻め込んできた。若者たちは弓を引いて対戦し、塞の近くの若者は九割がた死んでしまった。しかし老人の子だけは、足が不自由で戦いを免れ無事であった。

「故《ゆえ》に福の禍《わざわ》いと為《な》り禍いの福と為るは化極《か》むべからず、深さ測るべからざるなり」すなわち、福が災いとなり、災いが福となる変化を見極めることはできないし、その深さは測りようがないと、淮南子《えなんじ》にある。

「禍福はあざなえる縄のごとし」ともいうが、人間に降りかかってくる難しい事々の多くは幸福に通じているものであって、難事を避けては幸福を得ることはできないし、難事を先延ばしにしては幸福もそれだけ遅れることになる。

現代の国や自治体の政治・経済でも、難事を先延ばしにして悔いを残している面も少なくない。会社などにしてもバブル当時の不始末を今に至ってもなお解決せず、先に延ばし進退極まった例も少なくない。

「人間難事幸福への道」は、自分の体験から悟った文句であるが、難事の解決を先に延ばせばその時は気楽になるが悩みは続き、幸福を得るのも先になり、悪くすると幸福に巡り会うこともできなくなることになる。

無用の用

第二の会社で現職のときである。

ある年の三月に工場敷地を求めたが、六月になると雑草が生え繁ってくる。それを担当部長が、近所迷惑にもなるし、会社の体面にもかかわる、ということでボヤいていた。私はその部長に、雑草は早く始末しないと手に負えなくなるから、早目に退治してもらいたいと言っておいた。

翌月に草の始末を聞いたところ「もう少し時間を貸して下さい。何とかします」という答え。八月に入って再び聞いたところ、もう少し時間を貸してください。

「ただ、ここまでくると十一月には建設工事が始まり、雑草などはブルドーザーでやれば簡単にとれますし、だいいち秋になれば草は枯れ始めます」と言っている。

そこで私は、月遅れのお盆の前の八月十二日、三日間ほど休みをとり、大きなポリタンクに水を入れたのを五個、背負い噴霧器と除草剤と日の丸弁当を用意し車に積んで、長男に運転させて現場へ出かけた。家から一時間半の行程。着いてみると雑草は私の背丈を超え、ジャングルさながら。予想以上の状態に水、薬も尽きたので雑草の中で昼食にした。

長男に話しかけたところ、「上場会社の副社長が、真夏に会社の空き地の草刈りとは唯々あきれるばかりだ」と吐き捨てるように言っている。それに答えるでもなく私はこう話しておいた。

「無用の用」ということがある。

むかし中国に荘子《そうじ》という人がいた。

ある人が荘子に向かって「おまえさんの学問などは何の役にもたたない、無用なものだ」と言った。

荘子は「無用を知りて始めて与《とも》に用を言うべし」（無用ということを本当にわかってから用について論ずべきである）と答え、こうつづけた。

「たとえばお前さんの立っている地面は、二本の足を支えている地面だけが有用で、その他の地面は無用のものだ。だといってその無用の地面を底深く削り取ってしまったらどうなると思う。無用の用だが有用だということがわかるだろう」と。

草退治に行った日、家に帰ったのが三時過ぎだった。帰宅してみると会社から一人の幹部が駆けつけてきていて「副社長に草退治されては、われわれの立場がなくなると部長たちが頭を抱えている。社長もこの暑さではと心配されているから、草退治だけはやめてもらいたい」という話だった。

そういうこともあろうかと思って秘密にしていたが、露見しては仕方がない。明朝は出勤すると話して帰ってもらった。翌朝出勤すると、担当部長が待ちかまえていて「申し訳ないことをしてしまって」と言って詫びている。そこでこう話した。

「しばらく時間を貸してくれと言われたが、銀行にいたからカネは貸したが時間は貸したことがない。たとえ時間を貸しても、同じ時間を返済してもらえないからだ。秋になれば枯れる、ブルでやればとれると言っていたが、私は秋になっても枯れず、ブルドーザーで取っても取れない草を退治しようと思って出かけたのだ」と。

「そういう草があるんですか」ととぼけたことを聞くから、

「この会社の幹部の頭の中に生えている」と話しておいた。

この会社の期末は七月で、九月初めに期首一ヶ月の実績報告会がある。そこでは次月予算との過不足を報告し、対策を協議することになっている。

私が草退治をした翌月に開かれた実績報告会でのことである。

販売担当者は「期首八月の受注高は予算を下廻るが、また先が十一ヶ月もあるからその間に取り返せばよい」と不足分の穴埋めを先に延ばしている。

経理担当者は「経費は予算を少し上廻ってしまったが、まだ先があるから期末までには埋め合わせればよい」と説明している。そこで私は次のように話した。

先月私は工場敷地の草退治に行って皆さんにご迷惑をかけましたが、実は草取りが目的ではなかった。中国の教えに「天下の難事は必ず易《やす》きに作《おこ》り、大事は必ず細事に作る」。また「難事は易きに図り、大事は細事に図る」とあるように、毎年、予算が未達成になっているのは、難事を易きに図っていないからではないか。雑草にしても伸びないうちに取り除けば簡単にとれるが、あのように伸びては大仕事になってしまう。

私の草退治は、皆さんが難事を先延ばしにしている悪習を退治するのが目的であった。それがわかれば、あの雑草はブルドーザーに委せればよかろう。副社長の草退治も無用の用だが有用であったといえるだろうと。

志を強大にするために

小泉内閣は、構造改革を旗印にして苦戦したが、内容は当然改むべきであった事を先延ばしにしてきたいわば前任者たちの後始末的なものである。

会社団体などにしても組織改革だ、リストラだと騒ぎ立てていたが、あれほど経営者の無能を暴露したものはない。

ある社長が、うちでもリストラを断行しましたと、いかにも進歩的経営でも行っているかのように話していたので、私はこうにくまれ口を言っておいた。

「社長、そういうことは事さらに言わないほうがよいのではないか、社長の恥を話しているようなものですから」

「どうして、これが恥なんですか、他の会社でも盛んにやっています」

「いや全くやっていない会社もあります。そういう会社は平素から合理的経営に徹していますから不況だからといってリストラをする必要がないんです。ここでリストラを実行するということは、従来いかに放漫経営を行っていたかを公表しているようなものです」と。

社長は最初はいやな顔をしていたが、反省の顔つきに変わった様子でもあった。

老子に「難を其の易《い》に図り、大を其の細に為す」ともある。困難な仕事は容易なうちに手を打ち、大事は小さなうちに始末してしまえという意味である。

会社の倒産などにしても原因の多くは借金過多であるが、初めから多額であったわけではない。小さなうちに返済に心掛ければ大事に至らなかったはず。

再び私ごとになるが私は庭畑の除草のとき、目に見える限りの草は根から取り除くし、種の実らないうちに始末してしまう。八十八才から老眼鏡をかけて草退治するようになったが、九十一才のはじめに白内障の手術をしたら極細のものまで見えるようになった。

見えるようになって大恐慌を来しているは雑草だろう。小さなものまでよく見えるようになったから、なにしろ芽生えたばかりの草まで取ってしまう。家族はそんな小さいものまでと言っているが、残しておくと一日毎に伸びて、一時ですむ草退治が一日がかりでも始末は難しくなる。

とかく志を易《やす》きに求めるような人は、事の難きを避けたがる。志の難きを希《のぞ》めば事の難きを覚悟するしかない。

西郷南洲は「幾度か辛酸を経て志はじめて固し」と詠んでいるが、志を大きく抱けば辛酸もまたそれだけ厳しく、厳しさを重ねれば重ねるほどに志も強大になる。

これはトップの自己形成に忘れてはならない要諦だと考えている。

二　その身正しからざれば

背伸び根性に釘を打つ

ある中堅企業の現役を退いた創業者から相談を受けた。

その創業者はある官庁の現役を懇請して後継社長に据えたが、業績がジリ貧になってきたので相談に来たという。

そこで、新社長について気づいている点を話してもらった。

要約すると、近年の縮小均衡の時代に逆らうように拡大を続けてきたため、借入金は増えたが利益はジリ貧に陥ってしまった。新社長は自己の能力を誇示するためか、将来の見通しも考えず、現在の均衡も見ることなく設備増強、人員増に走り、しかも自分の威厳を失うとでも考えてか、自分より年令の高い者を辞任させ、従来の功者を退け、ワンマン体制強化に努めているかのようだ、ということであった。

しかしここで新社長を一方的にこき降ろしたら、創業者の人を見る目を疑うことになるだろう。

「新社長のやること、為すことすべてが悪いということではなかろう。それを見ている周囲の人たちの先き行き懸念がやる気を失わせ、背伸び根性の新社長に対する信頼感を欠いたことから業績不振となったと思う。ここは創業者として一本太い釘を新社長に打ち込むだけでよいのではないか」と言って次の故事を話した。

話は中国のむかし、東漢を光武帝が創業したころである。

隴西《ろうせい》の隗囂《かいごう》も帝と称して天下を伺っていた。一方、成都に據《よ》っていた公孫述《こうそんじゅつ》も帝と称して天下を狙っていた。

隴《ろう》西の隗囂《かいごう》は、光武と公孫述の何れが人物かを知るために馬援《ばえん》という人物をまず成都に行かせた。馬援は、主君の隗囂《かいごう》と公孫述とが旧友であったため、さぞ快く迎えてくれるかと思っていた。

ところが行ってみると、しばらく待たせた上で、階段の下に座らせ護衛兵を多数並ばせ、もし望むなら将軍として取り立てようと言い放った。

馬援はこれに答えもせずに引き下って従者に言った。「昔、周の周公は人材を迎えるために三度も食事を止めて面会したというのに公孫述は外見だけを飾っている。天下がまだ誰ののともわからないのに人物を見下げている、井戸の中の蛙といえる。こんな人物に協力すべきではない」と報告した。

そのあと馬援は光武帝に会ったが、光武は家臣もおかず馬援と対等に話してくれた。

隴《ろう》はその後、漢の光武帝に降り、光武は天下をとることになる。

余談になるが、光武はこのとき「隴《ろう》を得て復《さら》に蜀《しょく》を望む」（隴《ろう》を平定したが、さらにまた蜀の地がほしくなった。人はとかく満足する事がなくて苦しむものだ）と今に言われている言葉を残しているが、これは本章の四で、あらためて取り上げる。

さて、公孫述のようにいかに虚勢を張ってみても、トップとしての実力が伴わなければ、一人の人間をも得心させることはできない。

「両心は以《もっ》て一人を得べからず、一心は以て百人を得べし」と別記したが、虚勢だけで真実の伴わない人は、百金を費やしても一人の共鳴も得ることはできないものである。

現代の会社にしても、トップがトップとしての道を踏み外した場合、少数の不満が多数の不満に変わって会社の土台をも揺るがすようになる。そのもとを突き詰めるとトップの見栄や虚勢ということになっていることが少なくない。

弱い犬ほどよく吠える

だいたい外観を飾る人は何か引け目があるからである。内面が充実していれば、外部が粗末に見えても劣等感を覚えることはない。

たとえばカネに窮している人ほど、ものを欲しがり、つまらない贅沢にあこがれる。そしてカネをもっている人をケチと軽べつし、そしることで優越感を満たしているようである。

弱い犬ほどよく吠えるというが、力がないから虚飾によって外見を飾り、背伸びして虚勢を張るのである。

企業においても粉飾ということがある。

利益が出ていないのに、出たかのように見せかける。最初のうちはわずかなごまかしが、粉飾に粉飾を重ねて制止がきかなくなって倒産するまでやってしまう。

「桃李《とうり》は艶なりといえども、何ぞ松蒼栢翠《しょうそうはくすい》の堅貞《けんてい》なるにしかん。梨杏《りきょう》は甘しといえども、何ぞ橙黄橘緑《とうこうきつりょく》の馨洌《けいれつ》なるにしかん。まことなるかな、濃夭《のうよう》は淡久に及ばず。早秀《そうしゅう》は晩成にしかざるや」と菜根譚《さいこんたん》にある。

桃やすももはつややかな美しい花を咲かせるが、つねに青さを保っている松や檜《ひのき》のみごとさには及ばない。ナシや杏《あんず》の実は甘いが、橙《だいだい》やみかんの高い香りには及ばない。つまり、きらびやかだが長続きしないものは、地味で目立たないが長持ちするものに及ばない。早熟は晩成にしかず、という意味である。

実力のある人のうしろ姿には後光がさしているが、これみよがしに着飾った者のうしろ姿には暗い陰がさすものである。

あるとき銀座で物乞いをしている老婆と屋台のおでん屋で話し合ったことがある。

年は六十八才だが、子供が定時制の高校をもうすぐ卒業するから安心だと言う。逆算してみると五十才の時の子だ。私の分まで焼酎を飲み干し、口三味線に手拍子でごきげんである。そこへ飲み屋の女性と男客が入ってきた。そしておでん一つ一つ値段を聞いてから注文している。するとその婆さんが言った。「若い女がよくあんなしみったれたことを」と。婆さんも若いころから、この客のような心がけであったら物乞いまでしなくてもよかったろうに、と思ったものである。

華やかに飾った者が力つきて、飾るものもなくなると、次は言葉で飾るようになる。つまり、ウソつきになる。そのウソも、人をだますようなウソがつけるうちはよいが、しまいにはウソのウソというようになるから、誰にもすぐばれてしまう。

短命国家の君主

トップが道を踏み外せば、いかなる組織もたちまち崩れさることは歴史が証明している。中国戦国時代の雄秦《しん》は万里の長城まで築いて防備を固めたが、二世胡亥《こがい》の乱行によって亡びている。これをよく言い表しているのが唐の汪遵《おうじゅん》の詩である。

秦長城を築いて鉄牢《てつろう》に比し
蕃戎敢て臨洮《りんとう》を逼《せま》ず
いずくんぞ知らん万里連雲の勢

及ばず尭階《ぎょうかい》三尺の高きに

秦は長城を築いて鉄の牢屋のように匈奴を封じ込めたので、異民族は臨洮を突破できずに秦の領土に入れなくなってしまった。このような雲につらなるほどの長城も、あの尭《ぎょう》帝が土の階段三尺の粗末な宮殿で五十年もの長い間太平に国を治めたことにまったく比較にもならない愚かなことであった、という意味である。

尭《ぎょう》帝は古代中国の伝説的な明君であったという。長城を築いた始皇帝は、はじめての統一国家である秦を築いたが、始皇帝死後わずか四年で秦は滅亡している。秦はチャイナ、シナの語源となったほどの大国であったが、存続十五年の短命国家であった。その理由は唯ひとつ、二世胡亥《こがい》の、その身正しからざる行為といえるだろう。

始皇帝が東方巡幸中に崩じると、趙高《ちょうこう》という佞臣《ねいしん》は喪をかくして後継ぎとして定めていた長子の扶蘇《ふそ》を殺し、暗愚な次子の胡亥《こがい》を二世皇帝の位につけた。賢明な扶蘇が二世となっては己の野望をとげる邪魔になるからである。

胡亥は位につくと、「一生享楽の限りを尽くして死にたい」と言ったほどの愚かな人間であった。これに乗じた趙高は、「人民をできるかぎり法律で厳しく取り締まり、古くからの功臣を亡き者にし、陛下お気に入りの人間を用いれば、陛下の勝手気ままなことができましょう」と悪知恵を授けた。

これを真に受けた胡亥は、次々に新たな法律をつくり刑罰を厳しくして、ためらいもなく多くの人々を死刑にした。また旧来からの功臣・重臣を殺し、遠ざけ、また重税を課したため人民は苦しみ、不満は頂点に達し雇われ百姓の陳勝の反乱は燎原《りょうげん》の火の如く瞬く間に燃え広がり、西漢の時代に移ることになる。

これに類した例は隋《ずい》にもある。

隋の文帝は明君といわれたほどの人物であったがその子煬帝《ようだい》は、中国史上、最大の暴君とされている。父を殺し、性急な運河造成を強行して男手だけでは足りず女の手まで動員し国力を奪い、そこに四十もの離宮を築いて豪奢《ごうしゃ》をきわめたため、民衆の離反を招いて唐の始祖李淵《りえん》に亡ぼされている。最後は自殺することも許されず、部下の手で殺された。その間三十七年の短命である。

だいたい人の上に立つような人間が、事の善悪を知らないはずはない。

にもかかわらず道から外れることは、己の奢《おご》りを抑えるだけの能力に欠けているといえるだろう。自分の心に勝つことのできない人間は、他人と競争して勝つ力のないことを自ら証明しているようなものである。

いま市中を眺めると、新しい高層ビルの中には扉が閉ざされたままのところがある。その隣には古びた、右から書かれた看板のかかった商店がある。人手に渡った高層ビルは遠くから見ればいかにも立派だが、近づくと人気はなくすでに雑草が生い茂っている。一方古ぼけた小さな商店には客の出入りが絶えず、活気に満ちている。

閉鎖された高層ビルを見上げると、有名な杜甫《とほ》の詩「国破れて山河在り、城春にして草木深し、ときに感じては花にも涙を濺《そそ》ぎ、別れを恨んでは鳥にも心を驚かす（以下略）」の歌が頭にうかんでくる。

「戦乱で都（長安）が破壊され尽くし、人々は離散してしまったが、山も河も自然はむかしのままである。荒れ果てた町にも変わらず春がきて草木がおい繁っている。あの争乱を思うと花を見ても涙が出る、離散した家族を悲しんで鳥の声にも胸つかれる思いだ」と、自然の恒久さに比べ人のやることのはかなさを詠ったものである。

この杜甫の歌に重ね合わせて、「会社敗れて高層ビル在り、ビル春にして草木深し」と読み換えていてはどうしようもない。

また盛業中の商店の古びた看板を見ると、唐の太宗が自戒した名セリフ「創業は易《やす》く守成は難《かた》し」を、代々の商店経営者が己の心として貫いてきた姿が思い浮かぶ。

唐朝三百年の基礎を築いた明君太宗が功臣たちに「帝王の仕事として新しく事業をはじめるのとその事業をもり立てて継続させていくのとではどちらが難しいか」と問うと、創業の苦労を体験してきた房玄齢《ぼうげんれい》は「創業の方が難しい」と答え、守成の任にあった魏徴《ぎちょう》は「守成が難しい」と答えた。

魏徴は「王者《おうしゃ》の興《おこ》る天授人与《てんじゅにんよ》なり、既に天下を得ては則《すなわ》ち驕逸《きょういつ》に安んず、守分を難しと為《な》す」（王位は天が授け民が与えてくれたものである。すでに天下を統一できたとなると、とかく心が奢《おご》りなまけるものである。できたものを堅実に長く保つことの方がむずかしい）と言っている。

太宗はこれを聞いて、「房玄齢は私と共に百死に一生を得るような思いで天下を得たから創業の難しさを知っている。魏徴は私と共に天下を治め、驕奢《きょうしゃ》は身分が高くなったり財産ができることから生じ、禍乱《からん》はものごとをいい加減にすることから生ずる事を知っている。もはや創業の難しさの過ぎたいま、守成の難しさを知って、諸侯とともに慎もう」と言ったと、貞観政要《じょうがんせいよう》に記されている。

この太宗の二十三年の治世は「貞観の治」と言われ、後世の模範とされた。太宗の言行を記した「貞観政要《じょうがんせいよう》」は、わが国でもふるく鎌倉時代から帝王学の教科書として伝えられ、徳川三百年の基礎を築いた施政の手本ともなっている。

己の持っているものを育てよ

自分を造るには、他の力を借りず、持ち合わせのものを育てることの方が手っ取り早く、手間もかからない。

これを孟子は「人皆人に忍びざるの所あり、之《これ》を其《そ》の忍ぶ所に達するは、仁なり」（人は誰でも見るにしのびない、するにしのびないという心があるが、見ず知らずの人にまでその心が及ぶようにすることが仁の道だ）と言って、次のように説明している。

幼い子供が井戸に近づこうとしている。落ちてはたいへんと思い、連れ戻してやる。

これは、その子の親と近づこうと考えているからでもなく、村人や友人からほめられようとしているわけでもなく、救わなければ非難されるからということでもない。ただ井戸に落ちては可愛そうだと考える心がそうさせるのだ。つまり、仁（思いやりの心）が自然にそうさせるのである。これは人間だれにもあるものだと。

また悪を恨み、恥と考える心も誰にもある。それが義の心であり、善意を判断するのは智の力で、これも人間だれもが持っている。譲り合う心は礼の心があるからで、乳飲み子が飲み終わって母親にニッと笑う、これも母親に対する礼ではないかと思ったことがある。このような自分に生まれつき備わっているものを自覚してまず育てることが、自己形成の第一歩ではないか。

論語に「君子は義に喩《さと》り、小人は利に喩る」とある。徳のある人が事をなす場合、まず、この事が正しいかどうかを考えるが、凡人は、これは利益になるかどうかを考えるという意味だ。いまでも、上に立つ人が、利を先に考えているようであれば軽べつされ、義を先にすれば尊敬されることになるだろう。

人間生まれながらにして備わっている人の道を育てることは至極簡単のように思うが、ややもすると、これも人間の本性である欲がこれをさまたげる。

たとえばバブル当時、多くの人が投資に走ったのは人間の物欲のなせるものであったが、投機は利を先にしたもので義に反するとして中止したとすれば、義の本性が働いたことになる。しかし投機に走ったとすれば、義に反した行為といえよう。前者はバブル被害も受けず名社長の誉れ高く内外の信頼を高めているが、利を先にした者は会社を失い、自分さえ失った者さえある。義を後にした信用失墜である。

人の上に立つ者は、常に自分の本性のなかにある義の心を大事に育てて、ことある毎に、その義から判断することが、会社の信用を高め、部下の信頼を高めることになる。

スイカ泥棒様へ

去年私は、小さな畑だが道端の東と西、それに垣根内の三ヶ所にスイカのタネを蒔き実るのを楽しみにしていた。

東側のスイカが重さ一キロ程度になったころ二つ盗まれた。まだ熟していない、甘みも少なかろう。

そこで立て札を立てた。「このスイカの食べごろは八月十五日頃です」と。宛名をスイカ泥棒様としておいた。宛名を様づけにしたから盗まれまいとも考えていたが、泥棒様にしてみると、「かくすればかくなるものと知りながらやむにやまれぬ泥棒魂」で持ち去ったに違いない。私としては誰が食べるにしても甘くないスイカは食べてもらいたくないから札を掲げたまでであったのに。

さて西側のスイカは勢いよく二個が競うように大きくなってきた。この二つを知人に食べてもらう約束をしておいた。ところが、そろそろ食べごろと思っていたところこれも一夜で消えている。そこでこれにも立て札を書いた。

まず「反省」と書き、次に「ここにスイカを植えたのは私の過ち。まだスイカは次々に実をつけますが根元から切ってしまいます。罪を重ねてもらいたくないからです」。最後に「咎めを身に帰し、己を刻して自ら責む（漢書）」と書いた。何か失敗があったら自分のセイだと考え、その責任を反省するという意味だ。そして残りのスイカが野球ボールほどの実をたくさん付けていたが根元から切ってしまった。

ところがその気になれば楽に越えられる垣根内はひとつも盗まれていない。「利（義）を見て為さざるは勇なきなり」と立て札を立てようと思ったが、私にもそれだけの勇気は出なかった。

前項を「己の持っているものを育てよ」と題したが、自分のなかにある善良な心を育てることを妨げるものが「我欲」の存在ではないか。

これも私の弱さだが、私の現職中たしか六十才半ばを過ぎたころだったろう。社内健康診断で血圧が高いといわれ、心配した社長が慶応病院の権威である後藤雄一郎先生の診断を受けるよう紹介してくれた。翌日一日がかりで検査をしていただき最後に後藤先生の話を聞いた。

そのとき、先生から「酒は毎晩何本飲んでいるか」と聞かれて「二本です」と答えた。「それは少し多い。一本にしなさい」という注意。

さて家に帰り、古戸棚から二合徳利を探し出して、女房に「これから毎晩これで一本にすることにした」と言った。

しばらくして女房曰く「一本にしてからのほうが一升瓶が早くなくなりますね」。

それはそうだ、二合徳利はぴったり二合入るが、一合徳利には七、八勺《しゃく》きり入らない。しかし私は医者の指示した数だけ守り徳利一本にして、それで悦に入っていたのだから、人様に我欲を慎めと語る資格はない。

またタバコはマッチ、ライターいらずと言われたほど吸っていた。周囲から「肺ガンになる、健康に良くない」と注意されたが、「途中で止めると意志が弱いと言われるから吸いつづける」と理屈にもならない理屈を並べ、ヘビースモーカーをつづけていた。ところがある時、咳がどうにも止まらなくなって、「病には勝てない」という平凡な諺どおりに、素直に止めることができた。

迷ったり、止められないことに出会ったら自分に聞くことである。自分ほど自分の本心を知る者はいないからである。

三　恥を恥とすれば

恥の恩返し

十四才から十八才までの四年間、浦和から東京まで旧制中学校の夜学に通っていたが、校門の脇に文房具屋があった。店主は当時知られた哲学者であった。

私が作文用紙を買いにいった時のこと。「どこから通学しているの」「浦和です」「それはたいへんだ、帰りも遅くなるだろう。若いうちは大いに苦労するのもよいことだ。せいぜい苦労して、その苦労や恥かしかったことを将来誰にでも話せるような人間になることだ」と言って用紙を渡してくれた。当時私は十四才であったから七十九年もの昔になる。そのころの私は高等小学校を中途退学して銀行での下積生活、どこを向いても肩身の狭い日々であった。

別記したように夜学を卆《お》えた十八才のときに父に死なれ、年収の十倍を越えた借金を引き継ぎ、返済のために働きすぎて過労から栄養失調になり、そのため脱毛症で頭髪までなくなってしまった。坊主頭を隠すために包帯で包んで銀行店頭に出て一日を過ごし、帰宅しては、包帯を頬被りに替えて、母の用意したさつま芋俵を荷車に積んで二キロ離れた問屋に売りに行く。途中で銀行の客や知人に見つかることもある。恥ずかしくて穴があったら入りたいが、荷車曳《ひ》いていては穴にも入れない。

近年では個人借金といっても多くは、住宅、家電など生活水準向上のためのものであるが当時のそれは、いわゆる金欠借金で、ギリギリの生活を維持するための借金だから返済も極めて困難であった。借金しないと食べていけない状況は恥そのものであり、家庭内ですら知らされていないほどであった。だから大借金の存在を私の父の死後、貸し主からの内容証明郵便で知ったほどであった。他人に知られるのを恥と私も思っていたから、銀行閉店後に利息を払いに行ったものである。

こうした私の五無才「学歴なし、地位なし、カネなし、頭髪もなければ青春もなし」の恥から誰が抜け出させてくれるか、考えるまでもなく誰もいない。

孤立無援の恥を拭い去るものは自分以外にないことに気づくと、気持ちも一転し、周囲を見ずに自分の胸の内を見つめるようになる。

ここらを心機一転の好機とでもいおうか。一日も早く脱出しようとする気持ちが強い反発力に変わってくるようである。それが別項でのべた生涯学習計画なのである。私事で些細なことでしかないが、これにしても恥から出発したものである。

こうした体験から、現職時代は事ある毎に「恥を恥としなさい」「恥を知るほど自分を励ましてくれるものはない」とお説教がましく話してきた。

あるときは「恥を恩として返せるようであれば最高の人間で、成功の条件が整っているといえる」。また「受けた恥を仇で返すような人間は、人から相手にされなくなるだろう」とも話した。

こうしたとき、よく例としてあげたのが「韓信の股くぐり」の故事であった。

韓信は背水の陣でものべたとおり、西漢の劉邦《りゅうほう》に仕えた名将軍であるが、若いころは仕事にもありつけず食うためにも困っていた。所在なく毎日のように川で釣りをしていたとき、川で布をさらしている老婆から食事を度々恵んでもらっていたが、いまに偉くなったら恩返しをしますと言ったところ、「男が自分で食うものさえ得られないのに、可哀想だと食わせてやっただけだ。お礼がほしくて恵んだのではないよ、生意気なことを言いなさんな」と罵倒《ばとう》され恥をかかされた。

また長い刀だけは腰に差していたが浪人暮らし。あるとき屠殺《とさつ》場の人夫に「刀を差しているが度胸がないから人は斬れまい。斬れるなら俺を斬ってみろ、斬れないなら俺の股をくぐれ」とからまれた。大きな志のためには無用な争いを避けようと、韓信はだまってその男の股をくぐった。それを見ていた人々は臆病者と笑い立てた。

韓信は浪人時代に、大工の家に居候をしていたことがある。働きもせず、食事代を支払うわけでもなし。さすがの大工のおかみさんも愛想が尽き、ある朝韓信が起きないうちに食事をさっさとすませて外出してしまった。あとで起きてきた韓信が食おうとしたが何もなし。

この韓信が劉邦の天下取りに功を重ね、三傑の一人として楚《そ》王に任ぜられたが任地に赴《おもむ》くと、飯を恵んでくれた老婆を探し出して千金を与え、股をくぐらせた人夫を士官に取り立て「辱められたことを耐え忍んだからこそ、いまの自分がある」と伝え、大工夫婦にもかねを与え「どうせ人の面倒をみるなら最後までみるべきだぞ」と話し、受けた恥を恩として返したと史記にある。

韓信は一飯の恵みを受けたときも、股くぐりしながらも将来の自分を意識して、いまに見ていろの気概に満ちていたに違いない。

怨《うら》みに徳で返す

「怨《うら》みに報いるに徳を以てす」。怨みを受けたら怨みで返さず、徳をもって返すべきである、と老子ものべている。

とかく負かされた、恥をかかされた、だまされた、叱られた等々怨みごとということは人生につきものといえよう。しかしそれに対して、勝ってやろう、恥をかかせてやろう、だましてやろう、叱ってやろうというように、怨みに怨みで返そうとするほど愚かなことはない。

中国古代に舜《しゅん》という聖天子がいた。舜の父親が後妻の子を可愛がり、舜を殺してやろうとまで憎まれた。しかし舜は、父を怨むどころか孝養の限りをつくし、後妻の子も限りなく可愛がっていたため、父親も殺すことだけはしなかった。

また舜が農民にまじって一緒に暮らしていると、いつのまにか農民たちは感化され争いごとなどは忘れ、田の境を譲り合うようになったし、漁場で暮らした際に漁師たちが感化されて釣り場を譲り合うようになった。どこへ行ってもこのようであったので舜が住んだ場所には人が集まり、二年もたつと大きな村になり都会になった。こうした人柄を尭帝《ぎょう》が知るところとなり宰相に取り立てられ、尭の娘をめとって尭の死後帝位を継ぐことになったと十八史略にある。

この舜の行為にしても端的にいえば、怨みに報いるに徳を以てしたことから出発したもので、この徳が人々を感化し、聖天子のひとりといわれた尭帝をも感激させている。もし、舜が父親から受けた怨みを怨みとして仇討ちでも考えていたとしたら、恩を仇で返されたと、自分の生命さえ危ぶまれる結果に終わったに違いない。

この伝説的な明君のように怨みを徳で返さずとも、せめて怨みを自己反省の資と考えただけでも、心は休まると考えたいものだ。

さらに進んで、恥や怨みを発憤の機会とするならば、多く失うことは皆無となるだろう。私は、かつて祖父が道楽の限りをつくして大地主から大借金を負い、家族を苦しみのどん底へ突き落したことを一度たりと怨んだことはない。むしろ貧乏苦労の体験をさせてくれたため今の自分がある、また「隆一、祖父の真似をしてはならないぞ」と無言で注意を与えてくれたことに感謝しているのである。

現職時代、「小さな恥を大きな恥として受け止め、これを反発のバネにするようであれば、立派な人間として尊敬され、人の上に立つ条件を備えた人といえるだろう」。また「恥を受けても恥と思わない人間は人から軽べつされ、相手にされなくなるだろう」などとも話した。

すでに「臥薪嘗胆《がしんしょうたん》」や「会稽《かいけい》の恥」の故事についてはのべてきたが、現代でも辱めを受けて恥を恥と受け止め、「いまに見ていろ」と自己形成のバネにすることは大事なことだ。

些細な私ごとだが、私は頭髪が元に戻った二十八才のとき婚約した。

婚約後半年たったころであったか、突然、先方が結納金を返してきた。婚約解消宣告である。理由は、頭髪が抜けたのは何か悪い病気でも隠しているのではないかという、まるで見当はずれの不信からであった。

これに対し私は早速手紙を書いた。「男児ひと度恥辱を受け、なんで恋々として憐れみを乞おうや。受けた破談の恥は私の心を打つ鞭となるだろう。一冊の書を読むにも倦《う》み飽《あ》きれば、C山麓（彼女の生地）の彼方を凝視するだろう」という意味の返事であった。

以来一度も会っていないが私の人生にとってこの破談が、自己形成へのどれほど励ましになってくれたか。いまでは韓信を気取ってお礼をするすべもない。

もっともこの話だけは社内ですることはなかったが。

四　足るを知る者は富む

寡《か》欲のひと大欲のひと

「足るを知る者は富み、つとめ行う者は志あり」（満足を知っている人は富み、つとめて道を行う者は志ある人である）。

老子にある言葉だが、現代の企業経営や個人の蓄財などについても教えられる文句である。いまもよく用いられているが「隴《ろう》を得て蜀《しょく》を望む」という文句は、人の欲には限りがない意味に使われている。

別記したように、この故事は中国前漢が「新」に代わり、さらに新に代わろうとして多くの群雄が割拠《かっきょ》し、次第に隴西《ろうせい》の隗囂《かいごう》、蜀《しょく》の公孫述《こうそんじゅつ》、それに後漢の光武帝の鼎立《ていりつ》となった。隗囂の死後、隴西は光武帝に降ることになり、このとき光武帝が語ったというのがこの文句だ。

「人生みずから足れりとせざるを苦しむ、既に隴《ろう》を平らげ、また蜀を望む、ひとたび兵を発するごとに頭鬚《とうしゅ》為《ため》に白し」。

兵を起こすたびに髪の毛が白くなっていく、欲張らなければ苦労することもないのに、わかっているが欲を抑えられない、というところが味わい深い。

中国の列子《れっし》に「金《きん》を攫《つか》む者は人を見ず」という故事もある。

むかし斉の国の人で、金を欲しがっている者がいた。ある朝、正装して市《いち》にでかけ金を売る店で、金をつかみとって立ち去った。役人がその男を捕え「人々が大勢いる前で人の金をつかみ去るとはどういうわけだ」と聞くと、その男は「金を取るときには人を見ず、徒《ただ》金を見るのみ」（人なんか目に入らず金だけが見えた）と答えた。当時の金といえば銅（赤がね）を指すが、欲のために道理も何も見えなくなることのたとえである。

「碗《わん》のものを食べて鍋の中を見る」という文句もある。自分の碗の中のものを食べながら、もっと欲しいがまだ残っているかなと、思わず鍋の中に目を移してしまうという意味だ。一つ手に入れてまた更に欲しくなるたとえだが、これを卑しい人間と、他人事のように嘲《あざけ》るわけにもいかないだろう。

バブル当時でも会社の所有土地があるのに、まだ足りないとばかり高値で買い競った経営者が少なくない。鍋の中を見るどころか、箸も使わず鍋の中に直接手を入れ、手づかみで食い競った格好。これでは手に火傷どころか全身火傷で命を落すのも当然だろう。「大欲は無欲に似たり」をそのまま行動で裏書きしているようでは、富を重ねることは到底できない。

富の限界

中国の昔、春秋五覇の一人斉《せい》の桓公《かんこう》が賢宰相としられた管仲《かんちゅう》に「富に限界ということがあるか」と尋ねた。

管仲は「水の限界は水の流れが尽きたところ。富の限界は、富はこれで十分、これ以上は望まないと考えたところが限界ですが、人間は富についてはこれで十分だ、これ以上はいらぬということはなく、さらに富を積み重ねようとして蓄えた財まで全部失ってしまいます。ここらが富の限界といえましょう」と答えた。事実はその通りなのだが、耳の病む向きも少なくないのではなかろうか。

富を追う者に限らず、地位、名誉を追う者の中にも、醜い結果を招いているものも少なくない。世紀の英雄といわれたナポレオンは、欧州全土を席巻したまではよかったが、イギリス本土まで手を伸ばそうとした。しかしイギリス大船の堂々たる威容に敗戦の悲しみを知らされ、転じてモスクワを攻めて雪将軍に破れ、遂にはセントヘレナへ流され、悲運の生涯を終えることになる。ドイツのヒットラーもナポレオンの二の舞を演じている。いずれも大欲の悔といえよう。

中国春秋時代の呉と越《えつ》の争いはよく知られているが、最後に勝利を得た越王勾践《こうせん》の智将范蠡《はんれい》は隣国の斉《せい》に移って、商売に従事し儲けて陶朱公《とうしゅこう》と名乗る大富豪となった。これを知った斉王は宰相として迎えようとしたが、「家に在りては千金をもうけ、官に就《つ》いては郷相《けいしょう》（宰相）となるのは栄華の極み。久しく尊名を受けることは身のためにあらず」とその申し出を断り、稼いだ利益のことごとくを貧民に与え、また再び儲けると得たかねを同じく与え、三度目に得た金は子や孫に与え子孫も大いに繁昌し、世間の人が金持ちといえば陶朱公のことだといわれるまでになったという。限界を知った者の有終の美とでもいおうか。

かつて私は、郷土の大先輩に当たる東大の林学博士で名誉教授であった本多静六《せいろく》先生の利殖蓄財術について講演したことがある。先生は、明治初期にドイツに留学し林業の勉強をし、現在の日比谷公園や明治神宮を造営し、国立公園の産みの親といわれている大学者である。同時に、大学の先生でありながら巨万の富を築いた蓄財の名人としても知られている。

本多先生は東大助教授の時に、貧乏脱出を志し蓄財の道に入った。いつも詰め襟の服しか着ていなかったので「詰め襟教授」といわれながら、毎月給料の四分の一を、はじめから無いものとして強制貯蓄し、加えて賞与、講演料、出張手当の残金などの臨時収入も貯蓄して、もとゼニを造る。その資金で株式投資し、株価が二倍に値上がりすると半数の株を処分し、当初の投資資金を回収してしまう。また信用取引で買う場合は、値下がりしても現物を引き取ることができるように資金全額を用意し、二割値上がりしたところで売却するという戦法で、儲けるより損をしないことを先にしたやり方で蓄財を確実に進めていった。

この方法を貫いて、四十才までの十五年間の成果は、利息と配当収入だけで学校からの収入を上廻ったという。得ることより、失わないことを先にした成果といえるだろう。

また人と違うところは、蓄財が進んでも四分の一貯蓄を中止せず、さらに余裕資金で山林を買いつづけたことだ。当時の山林など売る者はいても買う人は皆無に等しかったろう。敢えてこうしたのは専門の林業に興味があったばかりではなかろう。かねが余れば却って欲が出る、その欲を抑えるためではなかろうか。ところがその山林が大幅に値上がりするのだから面白い。

天丼哲学

ところが、本多先生は六十才になるとほとんどの財産を、公共事業に寄付してしまった。そのわけを「天丼哲学」ということばで説明している。

先生が苦学生のころ、生まれてはじめて天丼を口にしたとき、世の中にこんなうまいものがあるかと驚嘆した。そしてその日の日記に「願わくば時がきて、天丼二杯ずつ食べられるようになりたい」と書いている。

後年、宿願の天丼のお代わりをしたが、食べきれず、またそれほど美味いとも思わなかった。ガッカリすると同時に、大事なことに気づいた。

「ぜいたく生活の欲望や財産蓄積の希望についてもそうであって、月一万円の生活をする人が二万円の生活にこぎつけても幸福は二倍にならぬし、十万円の財産に達しても、ただそれだけではなんらの幸福倍加にはならない」

「天丼を二杯も三杯も目の前に運ばせて、その一杯を平らげるのは、せっかくのものものもウマク食えない。一杯の天丼を一杯だけ注文して舌鼓《したつづみ》を打つところに、本当の味わいがあり、食味の快楽がある。多少の財産を自らもってみて、私はこうした天丼哲学というか、人生哲学というか、ともかく、ひとつの自得の道を発見することができたのである」と、晩年に著した『私の財産告白』で述べている。

私は、別記のとおり二十才のとき生涯計画をたて、五十才からは老後の準備として「蓄財利殖」としていた。この話を昭和の富豪といわれた高萩炭鉱社長だった菊池寛実氏にしたことがある。その時社長はこう話してくれた。

「五十からの金儲けは早い、六十からにしてはどうか。六十から九十までの三十年間儲ければたくさんだろう」と。

「九十にもなって儲けたかねを何に使うのか」と聞いたところ、

「儲けたかねを使う目的を持っているうちは儲からないものですよ」と言われた。「これで儲けて何々に使おう」と考えても、結果は使うどころか「有り金すべて吐き出すことになるのがおちです」と。

小忠、小利に鬼となれ

トップ失敗のひとつは、小さな忠義、小さな利益に心弱くなることである。

韓非子《かんぴし》に「小知《しょうち》には事を謀《はか》らしむべからず、小忠には法を主《つかさど》らしむべからず」とある。知ったかぶりの人間にものごとを任せてはいけないし、これみよがしのつまらぬ忠義立てに心を奪われて法を任せてはいけない。いずれも失敗するという意味である。

古今のトップの失敗を見ても、本質をつく言葉だと思う。

「小忠」について韓非子は、次のように説明している。

春秋戦国時代、楚の共王《きょう》が晋《しん》と戦ったとき、一日目は自分が負傷するほどの激戦であった。翌日の作戦を協議するため将軍に来るよう命じたが頭痛で行くことはできないという返事。王自ら将軍の宿舎に行くと、室内は酒の臭いが充満している。

わけをきくと、昨日の戦闘中渇きのため水を求めた。従卒の差し出す水を飲もうとしたところ酒である。水と替えろと言ったが、これが水だというので飲んだ、重ねて飲んでいる間に戦いは終わっていた。

これを聞いて王は頼みとする将軍が酔いつぶれているようでは、国のことも部下のことも頭にあるまい。これでは勝ち目はないとして軍を引き揚げた。帰国した王は、直ちに将軍を引き出し、軍律違反の罪で死刑に処してしまった。

将軍に酒を水として渡した従卒も悪意あってしたことではなく、将軍の酒好きを知って忠義のつもりでしたに違いない。しかし小さな忠義が結果は仇となっている。

本書で度々登場する管仲《かんちゅう》が病に倒れたとき、見舞った桓公《かんこう》にこう伝えた。

「どうか、易牙《えきが》、堂巫《どうふ》、豎刁《じゅちょう》、開方《かいほう》の四人を遠ざけてください。

易牙は料理番として仕えていましたが、殿がまだ赤子の蒸し焼だけは食べたことがないと言いますと、自分の長男を蒸し焼きにして差しあげました。自分の子を可愛く思わない男がどうして主君を愛することなどできましょう。豎刁《じゅちょう》は殿が女好きで嫉妬深いことを知って、自分を去勢して殿を安心させて後宮の要職につきました。わが身を大切にしないものはいませんのに、わが身を傷つけています。このような人間がどうして殿を大切にすることができましょう。

開方《かいほう》は殿に仕えて十五年になりますが、まだ一度も両親のもとに帰っておりません。親元に帰るには数日きりかからないのです。親を十五年もの長い間一度も面倒を見ていない人間が、どうして殿を慕っているといえましょう。こうした人間は、いつかはバケの皮を現すものです。早く退けるにしくはありません」と。

桓公はこれを容れて四人の職を解いてしまったが、解いてみると何かと不都合が多い。医者の堂巫《どうふ》を追放してから桓公の持病である皮膚病がぶり返してきた。易牙《えきが》がいなくなってから料理がまずくなった。豎刀《じゅちょう》を追い出してから後宮の風紀が乱れてきた。開方を追放してから朝廷の政務が滞るようになった。管仲という賢人でも誤るものかといって、再びもとの職に戻した。

しばらくして彼等は桓公を閉じ込め餓死させてしまおうと計った。秘かに入ってきた宮女から彼等の反乱を聞いた桓公は「やはり管仲の言ったことは正しかった。自分はここで死ぬが、あの世で管仲に合わせる顔がない」と嘆いたとある。

もし桓公が管仲の言を信じ、大反逆者は忠義者に似ているし、大詐欺師は誠実者に似ていることを知っていたなら、一刀両断にわざわいを断つ鬼となっていたろう。

小利・小忠は鬼門なり

同じく韓非子に「小利を顧《かえり》みるは則《すなわ》ち大利の残《ざん》なり」とある。

「残」とは失敗の意味で、小さな利益に心を奪われていると大きな利益を得ることができないということである。

小利を求めてこれくらいのことなら許されるだろうと考えても、法律と人の目は許してはくれない。そこに大きな悔いを残す源がある。大きな物財には注意するが、小さなそれには無警戒ということでは大利を手中にできない。

大利がわからず小利にこだわる害については詳しく書く必要はないだろう。

多くのわざわい、失敗は、大きな利益を見ないで小さな利益を求めるところから起きている。現代の世の中でも、小さな欲のために大きな代償を払わされていることは、あれこれ書かずとも、近年繰り返し報道されている会社の不祥事のニュースで足りると思う。

韓非子を著した韓非《かんぴ》は、紀元前二三〇年ごろに活躍した人物である。結局、人間の考えることは、韓非から二千年以上経た現代も、あまり変わっていないようである。

世間で「鬼門」とよくいわれているが、何事をする場合でも避けたほうがよい方角という意味だ。「小さな利」、「小さな忠」は、トップの鬼門として心して避けるべきではないか。

「虎も蟻には勝てぬ」の教えさえある。トップが鬼になっても小さな忠、小さな利を警戒しないと、危地を迎え、身を滅ぼすもととなる。

五　禍は福の倚《よ》るところ

禍福に門なし

老子《ろうし》に出てくる「禍は福の倚《よ》るところ、福は禍の伏すところ」とは、禍いは福の寄り添うところ、福は禍いのひそむところにあるという意味だ。

さらにこの言葉を探ってみると、福は禍いのもととなるから福に酔ってはならない。禍いは福の元となるものであるから、悲しむことはないというように解釈できる。

私の青年時代は失意貧困の極ともいえた。「苦は楽の種」といういろはカルタの一句が慰めでもあったし励ましてもくれたのである。いま、この本と前後して世に出そうと考えている別の著作の書名を、思いつくまま「九十で知った先憂後楽の楽しみ」とでもしようかと考えている。二十才当時の借金と闘病（脱毛病）の苦渋の裏には、いまの後楽の楽がつきそっていてくれたのかと思うと、天の諭しが誤りでなかったことに自ら頭が下がる思いである。

いまでもよく経営相談を受けるが、話すその声にも力無く、気力も衰え再起さえ危ぶまれるほどになっている向きも少なくない。それに対しいつも私はまずこう話して元気づける。「失意は希望の倚《よ》りどころ」「貧乏は裕福の倚りどころ」「病弱は健康の倚りどころ」と。

いずれも前記の老子の言葉を読み替えたものである。

「現在わが国の実業界を眺めても、禍なしで今日の福を得た人は一人もいなかろう。西郷南洲の偶成の詩ではないが、成功者はみな幾度かの辛酸を経て、志いよいよ固くして今日の大成を得ている。一度や二度の挫折で諦めるようなら始めなければよかった。これからさらに大きく発展しようとするなら、さらに失敗を重ねたらどうだ」と皮肉を込めて言ったこともある。

失敗すると他人や政治を怨《うら》んだり、環境変化のせいにしたり、神佛の加護のないことを怨んでいるが、これはなんの助けにもならない。一時の慰めでしかないのである。禍は自ら招いたものとすれば、自己責任を自覚して、自力打開を覚悟すべきなのである。なにかに頼りすがろうとするから知恵が出なくなる。よい知恵が出ないから、再起の決意も出なくなる。出るのは油汗だけとなっては救いようもなくなる。

「人間万事塞翁《さいおう》が馬」の故事を前に述べたが、禍福は人間自ら招くものというところではないかと思う。

春秋左氏伝《さしでん》（中国春秋時代の歴史書）には「禍福に門無し、唯《ただ》人の招く所のままなり」とある。つまり、禍や福は定まったところから入ってくるものではなく、人が自分自身で招くものだと。

三つの「う」と三つの「し」

「福は禍の伏すところ」の教えは、そのまま会社経営の教えでもある。

ある会社は、創業十年にして証券市場の花型銘柄にまで成長した。ところがさらに十年後には倒産不安におびえるほど落ちぶれてしまった。大発展、急成長の裏には大禍の影がすでに現れていたのである。

その影とは、「うぬぼれ＝自惚れ」、「うちょうてん＝有頂天」、「うかつ＝迂闊」の三つの「う」とでも言おうか、心のたるみである。

昔から「貧すれば鈍す」と言われているが、逆に「かねを持てばバカになる」とも言えるのではないか。

今はむかし日露戦争勃発のとき、当時の花形銘柄であった鐘紡の株を買い進んで、一躍「株成金」の尊称を得た相場師がいた。彼は儲けたかねで豪遊を重ね、「今様の紀国屋文左衛門」と称されたが、終戦で「一夜乞食」の損称（？）を受けるようになっている。まさに「貧して利口」から「持ってバカ」を裏づけている。

むかしの戦いにしても、勝ちを希《のぞ》むことは当然だが、負けることもあり得ると考えている者のほうが有終の美を飾っているものである。ある成功者と対談したとき、会社が不調のときよりも順調にいっているときのほうが苦労が多いと、つぎのような話をしてくれた。

順調のときは、ついつい「真摯《しんし》、真剣《しんけん》、吝《しわい》」の三つの「し」を忘れてしまうものだ。吝《しわい》とはケチ、しみったれているということである。即ち、これらを忘れることは、会社に禍を招く見えない影となるからと。

順調の時は三つの「う」すなわち「自惚れ」、「有頂天」、「迂闊」にならぬように自重し、「真摯」「真剣」、「吝」の三つの「し」を忘れないことだ。

金玉堂《きんぎょくどう》に満つるも之《これ》をよく守ることなし

表題の「金玉堂《きんぎょくどう》に満つるも之《これ》を能《よ》く守ること莫《な》し」（財宝を家中に一杯にしたところで、いつまでもそれを守りきれるものではない）は老子の言葉である。

なるほど古今東西、財宝を集めた人は多いが今に残している例はまれである。

極端な例になるが、「酒池肉林」で知られた中国殷《いん》の紂王《ちゅうおう》は、国民から重い税を取り立て、それを遊興と天下の財宝集めにあてたが、周の武王に攻められて破れ、集めた財宝を手足にくくりつけて宮殿に火を放って焼け死んだと、ものの本にある。紂王《ちゅうおう》の酒宴は酒池肉林つまり、酒をたたえた池をつくり、肉を懸けて林のようにして遊興の限りをつくしたというから、古来から暴君のひとりに挙げられるわけである。

わが国でも昭和のインフレ時代、とくに日本列島改造論がとび出したときなど、おかねよりモノだとばかり換物運動が起こった。そのため、田舎の土蔵に仕舞い込まれていた古火鉢から古びた食器までが、骨董価値が出るということで買われ、ついには無銘の刀まで売れたという。欲に目がくらんだ人には、銘を後で入れるインチキが通用したからだ。

ある東証一部上場会社の社長は、インフレ時代にはモノに限るとばかり、借金までして書画骨董、茶器など手当たり次第といえるほど買い集めた。ところが会社が倒産し、社長の個人財産も一部提供することになった。買い集めていたころは先見を誇り、集めた財宝の自慢が話題の中心であったが、会社倒産の償いに取られようとは先見していなかったろう。「金玉、堂に満つるもこれよく守ることなし」の見本のようだ。

漢書に「賢にして財多ければ、則《すなわ》ち其の志を損ない、愚にして財多ければ、即ち其の過ちを益《ま》す」とある。すなわち賢明な人が財産を多く持ち過ぎると、意志を弱くしてしまうし、愚かな人間が財産を多く持ち過ぎると過失が拡大する、どのみち多く持ち過ぎると、ろくなことはないということである。この文句は朱子《しゅし》が編んだとされる子供の教育の書、小学《しょうがく》に出てくるが、賢とか愚は実は子息のことで、子孫のために財産を残すことはためにならない理由として説かれている。

これを川柳にしたのが「親は爪《つめ》、子供は札《さつ》に火を灯し」ということになろうか。

個人も会社も、利財を求めることは当然なことであるが、この場合に心しておきたいことが二つある。

その一つは、利を得るにも、それを運用するにも、義に反しないことである。

論語に「利を見ては義を思う」（人は利に迷いがちだから、利に当面したら道にかなったものかよく考えよ）とある。道理にかなった方法で利を求めるということだ。

その二は、得た財を後継者に譲るとき、財と一緒に堅実、倹約の心も譲れということである。

児孫に美田と倹約心を同時に譲れ

かつてあるセミナーに出講していたとき、受講者の一人が「継」の一字を示して、家業を子に継がせたいと思うが、その心したい点は何かという質問を受けた。

そこで、こう答えた。

親として子に譲りたいと思う心は誰も同じ。どうぞ譲りなさい。それも全財産を譲りなさい。西郷南洲は自作の詩の中で「児孫のために美田を買わず」と詠んでいるが、児孫のために物的財産を残さないで子に事業を譲っても、この激動の時代を乗り切ることは困難になる。これからさらに発展を期したとしても、経済的に一歩も二歩も遅れることになる。全財産を譲るべきだが、しかし現社長、つまり貴方の堅実な心も同時に譲ることが不可欠の条件であると話した。その後、小咄《こばなし》をひとつつけ加えておいた。

父親が死んだ。埋葬するには墓場へ運ばなければならない。しかし一人では担ぐわけにはいかない。人を頼んだのでは金を出さなければならない。天秤棒で担いでゆくにしても自分が前棒担いでも後棒を担ぐ者がいない。どうしたものかと思案していたら棺桶のなかから「セガレ心配するな後棒は俺が担いでやる」と声がかかったという笑い話。

親のケチが子に立派に伝えられている話だが、話は話として、財産を無条件に子に譲っただけでは、前にふれた「親は爪、子供は札に火を灯し」の川柳の裏づけをしてしまうことになるだろう。

六　自己形成と一字の重さ

「仁」

孔子が弟子の子貢《しこう》に「私を博学と思うか」と聞いた。

もちろん子貢は「そのとおり先生は博学です」と答えたところ、孔子は「私はただ多くのことを学んだわけではない」と言って、「予《われ》は、一以て之《これ》を貫けり」、すなわちただひとつの道である「仁《じん》」（思いやり）をもって貫いてきたと答えたと、論語にある。

同じ論語の別の箇所には、高弟の曾子《そうし》に語った孔子のことばとして、「吾が道、一以て之を貫く」とあり、門人たちが「一貫の道とは何を指すのか」と曾子《そうし》に問うと、「夫子《ふうし》の道は忠恕《ちゅうじょ》のみ」（先生のおっしゃっている道とは、忠恕つまり仁道ただひとつである）と答えたとある。

つまり「仁」は、思いやりの心「恕《じょ》」の一字につながるものである。

上に立つ者に恕の心がなかったら、人間の血も通わない職場となってしまうだろう。上が下を思いやれば下はそれに報いようと考える。つまり心から服して働こうと考える。上に血も涙もなければ、下も血も涙もない人間になる。上下心が通い合ってこそ真の協力体勢が確立されるのである。

論語にはこうもある。

子貢《しこう》が孔子に尋ねた。「一字で生涯守るべき信条としたいとすれば、どういう文字になりましょうか」と。

孔子は「それ恕《じょ》か、己の欲せざるところは人に施すなかれ」（それは思いやりという一字だな。自分がしてほしくないことは他人にもしむけてはならない）と。

上から叱られ叩かれて悦ぶ者はない。短所を指摘されて笑っている者もない。長所を言われ怒る者もなければ、憎む者もない。上に立つ者は部下の短所、欠点に目を光らせることなく、その長所美点を見る目を養うことも欠かせないことである。

上が下の長所を見れば下はさらに長所を伸ばすことを心掛け、短所は次第に影を潜めてくる。また長所を見ていると、適材適所の配置も前向きになるが、短所が多く目につくようだと後ろ向き消極的なものになる。人を見る目というより人の心を見透かす能力を養う努力も欠くことはできないといえよう。

孟子に「仁には衆を為《な》すべからず」という文句がある。仁を行う者には、どんなに多数の人をもってしても対抗することはできないという意味である。

周の武王は五万の兵をもって殷《いん》の紂《ちゅう》王の兵七十五万を破ったが、武王の仁に力が味方したからである。

中国の古代、聖天子といわれた明君は、皇帝の座にいるだけで天下が治まり、秀れた将軍は寡兵よく衆を制したという。現在でも名社長といわれている人は、社長の椅子に座っているだけで社業を維持発展させているし、不仁の社長は、口やかましく体せわしく働いているが、どこか落ち目の影が差し込んでいるものである。

仁の心は、人の上に立つ者の不可欠な要素といえるもので、いかに財あり権力を誇る者であっても、仁の一字に欠けるようであっては、その位置に長くとどまることはできないことは歴史が証明しているのである。

社長の自己形成の要として、仁にこころがけていただきたいと強く思う。

「敬」

「敬」は前記の仁に含まれているが、仁の意味は広大なものであるため、私なりにしぼって、生涯守るべき一字としたのが「敬」である。

敬とは、己を慎み人を敬うことである。

ここで言う人とは「人間としての道を守る人」を言うのであって、人の道を守らない人まで敬うことは、もちろん必要がない。

「敬」の一字は「礼」、「感謝」、「師」（手本）などにも通じ、自分を謙虚な人間に育ててくれるものである。自分に謙虚な心があれば、人権無視だ傲慢だなどのそしりを受けることはない。

若いころ近くの工場を通りかかると、そこから出てきた人が誰に言うともなく「うちのおやじは我々をなんと思っているのか、牛や馬だってもっと丁寧に扱っているのに虫ケラ同様の扱いだ」と嘆いていた。もしその社長が謙虚であれば、社員に感謝する気持ちも生まれ、社員を敬する心も生ずることになったろうに。いまその工場は跡形もなく、他社の看板に変わっている。

自分を慎み人を敬う心があると、部下や目下の人の言葉にも自然に耳を得ることになる。

現職時代、私がある子会社へ行き社長と話し合っているとき「ごめんなさい」と言って入ってきた男がいた。社長は顔も見ずに、「今日はいりません」と言葉も粗く、ぞんざいな対応である。

そこで私が「お客さんに対して失礼ではないのか」と聞くと、

「あれはいつものご用聞きなんです」と答えている。

「あの人だって、うちの機械で身体検査をしてもらうだろう。機械は買わないが立派なお客さんではないか」と言っておいたが、人を敬う心、自分を慎む心があれば、人すべては客であることに気づくものである。

人を敬う心は人から敬われる基《もと》となる。言い換えれば部下や目下の人から尊敬される基となるわけで、部下の心服を得る決め手ともいえるのである。

「研」

「研」とは、学ぶということである。

現職時代、子会社の幹部にこう話したことがある。

大会社と中小会社の違いはどうしてできたか考えたことがあるだろうか。理由はいろいろあろうが、大会社は社長以下常に勉強して怠ることはない。学問を怠る者などは閑職にまわされて顧みる者もいなくなる。トップの任期も二年か長くて四年で、新知識を持つ新たな人材との交代を余儀なくされる。そうでなければ他社との競争に勝てなくなるからだ。

これに対し、中小企業のトップのなかには、勉強せずに長い間同じ椅子にしがみつく人も少なくない。これでは常に学ぶ者に及ばなくなるのも当然である。大企業の名刺も中小企業のわれわれの名刺も同じ取締役だ専務だと印刷してあるが、違うところは、常に学んでいるかどうかだけである。もし皆さんが大企業のトップと肩を並べようとするなら、負けずに学べということだと。

当時も私なりに、朝の読書は朝食と考えていたから人々の前で話すことができたが、新聞の見出し以外は活字は見ないということでは、部下に勉強せよとは言えなかろう。

ある講演先で、喜寿に近いという社長から質問を受けた。

「言志四録《げんししろく》に、少にして学べば即ち壮《そう》にして為《な》すことあり、壮にして学べば則ち老いて衰えず、老いて学べば則ち死して朽《く》ちずとあるが、社長職などというものは、退任する年令はいくつまでがいいと思いますか」と。

私は「その言志四録の言葉に従えばいいのではないですか」と答えた。

「といいますと」と聞き返されたので、「老いて学べば死して朽ちず、と言いましたが、死んで社長は務まりませんから死ぬまで社長でいいのではないですか」と答えた。

言志四録の文句をそらんじているほど勉強しているのだから、老いて衰えずである。

近年では定年制度なるものは有名無実となって、早期退職制度が決して特殊なものではなくなっているようだ。勉強をつづけない人間にまで給料を払っている余裕はなくなっているからでもあろうが、トップといえども圏外にいるわけにはいくまい。

「忙しいから勉強したくてもできない」と言うが、忙しいから勉強しなければならないとも言えるのである。

「欲」

この項最後に「欲」の一字を取り上げる。欲とは私欲、我欲のことである。

この例として、経費の公私混同をあげておく。会社が顧客を接待してゴルフや宴席に招くことは一般に行われていることだが、役職者が理由もなく会社の費用として使うことは許されるべきではない。これが社員のみであれば金銭の損失で済まされるが、トップのそれはたとえ少額であっても影響するところは大きい。

唐の太宗は、この行為を「肉を割《さ》いて以て腹に充《み》つるがごとし」と言っている。すなわち、国を治める者が、自分個人の財産をつくり、贅沢のために税で取り立てたカネを使うことは、ちょうど自分の体の肉を切り割いて自分で食っているようなもので、肉を食いつくすことは自分の死を意味している、ということである。

これを言い換えれば、社長が会社のかねを私用に使っていることは、自分の肉を切り割いているようなものということになる。ことにトップには社員数の二倍の目が光っていることを知らなければならない。百人の社員なら二百の目が、五千人の社員なら一万の目がトップの行動を監視して、どんなに些細な公私混同も見逃さない。

かつてクラリオンの創立者瀧澤左内さんと対談したところ、自宅で使う電球一ヶを会社の庶務係に持ってこさせたら、その月の給料から差し引かれていたので安心したと話してくれた。わずか一ヶの電球が社長の人格を損なわせるとも限らないからだ。

十一年勤めた第二の会社を退くとき、入社日に与えられた百枚綴りの社用便箋のうち残り五十枚ほどを秘書室長に返した。「これきり使わなかったのか」と不思議がられたが、会社の用事以外には一枚も使っていなかったからだ。社用封筒も同じで、私用公用を区別し、古封筒で間に合う向きにはそれでお許し願っていた。ある雑誌社へ原稿を古封筒に入れて渡したところ、編集後記欄に「古封筒の君」とあった。ほめられたのか、けなされたのか、いまだにわからない。

また十一年間、接待費の領収書も残さず、退社後、帰りのタクシー切符も使ったことがない。しかしあるとき国税局へ投書した者がいて調査を受けたが、当局から一言の注意書さえ受けなかった。

私ほどに意識して公私混同を慎んでいても、人は疑いたくなるものらしい。

七　嗇《しょく》に若《し》くはなし

会社を長持ちさせる要諦

「人を治め天に仕《つか》うるは嗇《しょく》に若《し》くはなし」。この言葉は老子にあるもので、人民を治め、天に仕えるには、つつしみ深くしていることが一番で、欲を少なくして節約することが、国を長持ちさせる道であるという意味である。会社を長持ちさせる要諦と読み替えても理解できるだろう。

さらにこれを説明しているかのような故事が、韓非子にある。

中国のむかし、戎《えびす》(西方の異民族、放牧民)の王が家臣の由余《ゆうよ》を使者として、秦の穆《ぼく》公のもとに派遣した時のことである。

穆《ぼく》公が由余《ゆうよ》に「いったい昔の明君たちが、どのような道に従って政治を行ったのか教えてもらえまいか」と尋ねた。

これに答えて由余は「倹約を以《もっ》て国を治め、贅沢をもって国を失ったと聞いております」

と。公が「私は治世の道を聞いている。倹約とははなはだ理解に苦しむ」と言うと、由余はこう説明した。

「昔、尭《ぎょう》帝が天下を治めていたときの食器は、粗末な素焼きの土器を使っていましたが、天下すべての人々は尭の支配に服しました。

次の舜《しゅん》の時代になりますと、食器も木を材料として形造り、その上に漆《うるし》や墨を塗り見かけの良いものにしたところ、前帝より贅沢になったということで支配に服さない諸侯が十三人も現れました。

舜に代わって禹《う》が夏《か》の国王になりますと、祭器をつくりかえました。外側を黒く、内側を赤く塗り、絹の敷物を使い、ござのへりを縁どり、盃や樽にまで飾りをつけました。ますます贅沢になったということで支配に服さない諸侯が三十三人を数えるようになりました。

次に夏に代わって殷《いん》の時代になりますと、九本の吹き流しのついた豪華な車を乗りまわし、食器には彫刻を、盃には金をちりばめ、四方の壁を白く塗り、敷物には模様をつけました。この結果五十三人もの不服従者が現れたのです。

このように上に立つ者が贅沢になるにつれて、支配に服する者が少なくなっていったのです。こうした事実を私は知っていましたので倹約こそ、あなたの求めている治世の道だと申したのです」と。

これを聞いた穆《ぼく》公は、隣国に由余のような聖人がいてはわが国は危なくなる、何か名案はないかと秘書役に尋ねた。秘書役はこう進言した。

「戎《えびす》王は僻地に住んでいるので、甘美な音楽を聞いたことがないといいます。そこで女歌舞団を送りこんではどうでしょう。そうすれば戎《えびす》王の心は政治からはなれてしまいましょう。そのためには由余をなるべく長くわが国に引き留めて戎王に諫言《かんげん》できないようにすることが肝心です」と。

十六人の女歌舞団にうつつをぬかした戎《えびす》王は、一ヶ所に留まること一年に及んだため、牧草は食い尽くされ牛馬は死に、国は衰え、ついに穆《ぼく》公に亡ぼされてしまったという。

この物語は現代の企業経営にも有益である。

現代の経営者は衆目侮り難し《しゅうもくあなど》と知って、物金の驕奢《きょうしゃ》は目立ってはならないと少しは慎んでいるようだが、心の驕《おご》りまで抑えることができず、企業マンとしての道を外すことも少なくない。

一時、新聞種になった食品や電力会社の不祥事、さらには業績不振で扉を閉じた企業などは、突き詰めれば心の驕りから出発していると思う。個人にしても、絶えることのない横領収賄等々いずれも、ここまでは法も及ぶまいという驕《おご》り根性が働いていたのではなかろうか。

われに三宝あり

孔子の先輩格である老子は「われに三宝あり、持して之を保つ、一に曰く慈、二に曰く倹、三に曰く敢えて天下の先と為《な》らず」（私には三つの宝があり、老いても大切に身に着けている。その一つは慈＝いつくしみ、二つに倹約、三つに人の先に立たないこと、つまり慎むことの三つである）と言っている。

なるほど一つ目の宝である慈は、徳（悦び）を与えるすべてを意味し、将の将たるものの不可欠の条件ともいえよう。「徳によって興り、徳を失って亡ぶ」ということは歴史が証明しており、その例外は皆無といえるだろう。

明の洪自誠《こうじせい》の著、菜根譚《さいこんたん》には「徳は事業の基なり。いまだ基固からずして、棟宇の堅久なるものはあらず。心は後裔《こうえい》の根なり。いまだ根植えずして、枝葉の栄茂するものはあらず」

（事業発展の基となるのは人格である。基礎が固まっていないで家が長持ちすることはない。また、心は子孫繁栄の根である。根がなくて枝葉が生い茂ったためしはない）とある。

前記したように「君子は義に喩《さと》り、小人は利に喩る」（君子は道義をまず考えるが小人は利をまず考える）となりがちである。義に従うより利を得るに如かずということになるが、こうして得た利などは常に浮雲の如く飛び去ってしまうものである。

次に倹を宝としている点である。

五代の道士、譚峭《たんしょう》は、「一人倹を知れば則ち一家富み、王者倹を知れば則ち天下富む」と語っている。「社長が倹約を知れば、すなわち一社富む」と読み替えても立派に通ずる言葉である。

倹約といえば、すぐにケチ、吝嗇《りんしょく》と混同し、倹約につとめる人を賎しい人間、非情者と考える向きがある。しかしそう考えるほうが、人の道知らず、経営の道知らずといえるだろう。

菜根譚に「勤は徳義に敏し、しかるに世人は勤を借りて、以てその貧を済《すく》う。倹は貨利に淡し、しかるに倹を仮りて、以てその吝を飾る」（勤勉とは道徳の実戦に励むという意味だが、人々はそれを財産を増やすためと誤解している。倹約とは本来利の追求に走らないという意味で、むしろ財には淡泊なことであるが、世人はこれを吝嗇を飾る口実として使っている）とある。

倹約者とは私なりに「金放れの良い人」、吝嗇とは「金放れの悪い人」と解釈している。つまり、倹約家とは不必要なかねは絶対に出すことはないが、必要としているかねは万金も惜しむことはないという意味である。

別記したがバブル不況の際に多くの会社が、競うが如く、誇るが如くリストラをやり出した。それまでの怠慢経営を暴露しているわけで天下の恥さらしである。言い換えれば倹約怠慢、将たる者の怠慢のそしりを逃れるわけにはいかなかろう。

次に、三の「人の先に立たず」である。

別記したが老子は「善く人を用うる者は之が下となる」とのべている。人使いの上手な人は権力、腕力などを用いず、使われる人々の下手に出て人の力を最大限に発揮させるという意味である。

さらに老子は「江海のよく百谷の王者たるゆえんは、其のよく、これに下るを以て、故によく百谷の王なる」とものべている。

大きな川や広い海が多くの谷川の王者として君臨していられるのは、自分の身を谷川よりも低いところにおいているからだという意味である。

これを会社にたとえれば、兵の将たる役員や幹部は社員に、将の将たる社長は将兵の下手、言い換えれば部下に謙虚であれということになる。名君、名社長と尊敬されている人は、下に対してあくまでも謙虚であって、けっして不遜ではない。下から軽く見られているような経営者は、いつも傲慢・不遜な態度を変えることがないようだ。

つねに相手をおもいやり、自身は倹約して、慎み深く身を処すこと、これを己の宝とできれば、実は危地に陥ることなどないはずである。

ところが人間の欲というものには限界がない。前にのべたように、代々の帝王が代わる度に贅沢の数が増しているように、物金、さては心までがエスカレートしてブレーキが効かなくなる。人の心の弱さゆえである。

「ああ、興《おこ》れば必ず衰《うれ》うると慮《おもんぱか》り、安ければ必ず危うきを思う」（隆盛なときに必ず衰えるときがくると配慮し、安泰なときに必ず危険がおとずれることを考える）とは、司馬相如《そうじょ》（前漢時代の文人）の言葉だが、文句は知っていても実際に行うことは難しい。

私の現職時代、会社の再建を果たし優良会社と書かれたり言われるようになったとき、自宅のある浦和から東京までの自動車通勤を電車通勤に替えた。これも定期券を買わず毎日乗車券を求めた。これでは、わずらわしかろう、割高になる、定期を買えば会社から通勤費が出ると言われたが、会社を退くまで続けた。

また昼食は会社食堂ですませていたものを握り飯弁当、いわば腰弁に変えた。同時に会社の経費予算を減額してしまった。「わからず屋」の陰口も聞こえていたが、おし通してしまった。「勝って兜の緒を締めよ」という小学生でも知っている諺を、実行に移したまでである。同時に、余裕ができても経営の道を外してはならない、という自分に対する戒めでもあったのである。

敗れた者へのおもいやり

「戦いに勝ちては喪礼《そうれい》を以《もっ》て之《これ》に処《お》る」（戦いに勝っても喜ばないで、葬式の礼のように悲しみをもって身を処すべきである。勝っても葬式のように振舞うべきだ）という意味で、老子の教えである。

戦死した人に弔意を表し、有頂天になるなという勝利者への戒めでもあり、破れた者に対する思いやりでもあろう。

織田信長は、裏切った浅井長政を小谷城に攻めて破り、長政と和を結んでいた朝倉義景を倒した。信長は、朝倉義景、浅井久政、長政の三人の頭蓋骨を金で彩色し、祝宴の席で酒杯がわりにしたと、ものの本にあった。信長としては憎さも憎し、この裏切り者ということでしたことであろうが、これを知った人々は信長の心情を思いやるよりも心なき心に思いを寄せたのではなかろうか。

これは私の子供のころの記憶である。明治三十七、八年の日露戦争のときの天下分け目の戦いといえば、旅順の攻防戦であった。敵ロシアの司令官はステッセル将軍。これを攻めた日本軍の司令官は乃木希典《まれすけ》大将。難攻不落といわれた二〇三高地をはじめ、激戦に次ぐ激戦。死傷者も相次ぎ乃木大将も愛児二人を失っている。このさまを大将自ら、次のような詩に表している。題して「全州城《きんしゅうじょう》」である。

山川草木転荒涼《さんせんそうもくうたた》
十里風《じゅうり》腥《なまぐさ》し新戦場

征馬《せいば》進まず人語らず
金州城外《きんしゅうじょうがい》斜陽に立つ

さてこうした激戦を経て、ついにわが国の勝利となったのである。

当時の小学校唱歌に「旅順開城約なりて、敵の将軍ステッセル、乃木大将と会見のところはいずこ、水師営《すいしえい》」とあった。この時ステッセルは、敗軍の将の礼として軍刀を外して乃木大将を迎えるべきであった。しかし乃木大将は、ステッセルに軍刀を着けさせたまま会見して一緒に写真におさまっている。実は、この写真での二人の将軍の姿がいまだに私の脳裏に残っているのである。

ステッセルとしては、この敗戦は旧帝国ロシアの亡国を意味したと考えていたかもしれない。乃木大将は、ステッセルを敗軍の将として扱わず、個人的には二子を失い、いわば部下の仇、子の敵を礼をもって接している。まさに老子が指摘した「喪礼をもってこれにおる」といえよう。

上杉謙信が武田信玄に塩を贈った話は今に伝えられているが、敵味方の怨《うら》みを捨てた心根は武士ならずとも心を温めるに違いない。

第八章　他山の石

一　他山の石以《もっ》て会社を興《おこ》すべし

一見無関係のことからヒントを得る

「他山の石以《もっ》て玉を磨くべし」。これは中国五経の一つ詩経《しきょう》にある文句である。他の山にある粗末な石でも玉《ぎょく》を磨くのに役立つということで、つまらない人間の言行にも自分を磨くために役立つという意味である。

ところが多くの人々は、漢詩の文句ではないが「此《こ》の道今人《こんじん》棄《す》てて土の如し」（今の人たちはむかしの素晴らしい人の道を知ったことかと、まるで土くれのように捨て去っている）ということで、「そんなことには用がない」、「自分の商売とは関係がない」と言って全くの無関心である。

孔子の高弟の顔回《がんかい》は一を聞いて十を知ったというが、もし企業のトップならば、一を見聞して少なくとも二を知るということでなければ、経営の継続さえ叶わなくなるのではないか。有能な人というものは、一つを見聞したら何かヒラメキが起こる、それを捉えて役に立たせるものである。

かつて作曲家の古賀政男さんと対談したときこう話してくれた。

私は明大を出て作曲家になろうと考え、レコード会社へ入った。当時の月給百二十円といえば破格の金額。ところが作曲家として入っていながら、らしい曲ができない。

ある晩秋の夕暮れ散歩に出た。しとしと小雨が降っていた。どこからともなくキセルの羅宇屋《らおや》さんの笛の音が聞こえてくる。引き込まれるような笛の音を聞いて思わず、これだと思って下宿に戻り、作詞作曲したのが「影を慕いて」なんです、といって古賀さん一節歌って下さった。羅宇屋は現代では見られなくなったが、車に修理道具を乗せ、ピーっという笛を鳴らしながら街を流して、キセルの竹の管を掃除したり取り替えたりする商売である。

そのとき私が、「骨まで愛して」という歌がヒットしていますが、あれは自分の身体にも骨があることに気づいたからではないんですかと言ったところ、古賀さんは「まったくその通りですね。自分の身体にも骨があることに気づいた。それをパチッと歌にした、そのとおりですね」と言っておられた。

帰りに同行の人たちと、「羅宇《らお》屋の笛の音と名曲とどんなかかわりがあるのか」、「全くなさそうだが名人となると、無関係のものから自分に役立つ何ものかを発見しているのではないか」と話し合ったものである。

昭和二十四年ごろの戦後といわれた当時から約十年間であったが、私は観光バスに乗っている男女別に興味を持ったことがある。

観光客のうち男性が多いか女性が多いかを見ていただけであるが、初めは女性客は皆無に等しかったが、十年後には女性客で占められるようになっていた。男性は攻撃を先に考えるが女性は守りを先にする。戦後の食べるものにも困った時代、女性にとって観光バス旅行どころでない。

ところが十年後の昭和三十四年ごろになると、高度成長への入り口、生活にも不安が少なくなった。強くなったのは女性と靴下といわれたほどである。

かくて女性が観光バスを占領したのであるが、私はこれからヒントを得て、「婦人銀行構想」なるものを献策したものである。将来、家庭の大蔵大臣は主婦の専任になろう。銀行も女性受け入れ態勢を進めるべきだというものであった。いまでいうリテールバンク構想である。

他山の石ならぬ観光バスから銀行経営に一計を示したものといえよう。

抽象論を具体化できる能力

ある経営者は、これからの創造的人材に欠かすことができないものは、「執念」であると言っている。可能を信じてあくまでやり貫くという意志である。

またある経営者は「自分の専門以外から発想のできる者」としている。たとえば農作業を見ても機械造りに役立つことが考え出せるという意味である。

これについて私は「抽象論を具体化して成果の得られる人間」としている。ものごとを具体的に示されたり、言われたりしないとわからないということでは創造的人材とはいえないからである。

こうした私の考えは三十才代からのものである。私の三十才から四十才までの間は、別記のとおり生涯計画では哲学、歴史、宗教の勉強期間であった。これらの文中の多くは抽象論で占められている。具体的といえば戦争談ぐらいのものである。

当時、先輩上司からは「銀行業務の専門書を読め」とか、同僚からは「観音経を読んで坊さんになるのか」、「なるほど坊主頭に似合った本を読んでいる」と言われたが、計画は計画として読み続けてきた。

そのうちに抽象的な文言や考え方のなかに、きわめて具体的な、それも今に役立つような現実的なことがらが示されていることを知るようになった。哲学や歴史書の数々は、いまにして思えば、私にとっては有力な他山の石となっている。

これまで何度となく記してきたが、私は暇さえあれば屋敷内の草取りをしている。家族たちは「雑草は取っても取っても生えてきますよ。きりのないこと」と言っているが、私としては一度取ったら生えてこないのでは困るのである。後から後から次々に生えてくるから雑草との生存競争が続けられるし、征服欲も終えることがない。雑草のおかげで長生きしているようなものだ。私にとっては雑草も他山の石となっているのである。

他愛もない、また関係もなさそうなことからも、具体的に役立つ事を生み出すことができるのである。また目的のない勉強から、危地を突破するために役立つことを見出すこともできるのである。

かつてどこかの雑誌に「泥棒経営」という見出しで短文を書いたことがある。

しばらくして電話があり「泥棒経営」とあったが、どういうふうにやればいいんですかという質問。そこでこう答えた。

「泥棒といっても人様の物やかねを盗むということではなく、むかしの偉い人の知恵を盗むという意味なんです」と。「なんだそうなんですか」と言って礼も言わずに、乱暴に電話を切られてしまった。見出しだけ読んで電話してきたのだろうが、これでは他山の石で自分を磨くことは到底できなかろう。

万人万物わが師

斉の桓《かん》公が、管仲、隰明《しゅうめい》の重臣を従えて孤竹《こちく》という小国を攻めたときである。往路は春で事もなく目的を果たしたが、復路は冬になり、寒風と悪天候のため道に迷ってしまった。すると管仲は「こうしたときには年老いた馬を解き放してみるものだ。本能的な感覚で道を探し当てるものだ」と言って、駄馬のうちから年老いた馬を一頭選び、車から放してやると、しばらく四方を見回していたが、一方を目指して歩き出した。その後に従うと、もときた道にたどり着くことができた。

次に山中を行軍しているとき、水がなくなり、兵たちも渇いて歩行も困難になってしまった。このとき隰明《しゅうめい》は「蟻塚を探せ。蟻は夏は山の北側に、冬は山の南側に巣をつくる。そこを掘り下げれば水源があるはず」と。果たして蟻塚を掘り下げると五尺の地下から水が湧き出てきた。

この話は、人間がどんなに利口ぶっても、老馬や蟻にも及ばないことがあるという意味である。言い換えれば、どんなつまらない人間でも、それぞれに取り柄というものがあるということである。

現職時代、二十人ほどの社員が、思想信条の自由とかと称して赤旗を立て、アジビラを貼り散らし血相を変えてガアガア言っていた。しかし仕事をやらせてみるとヨタヨタで「アヒル人間」と言われていた。

思想信条の自由でどれでけ仕事ができるか、その二十人を一緒にして独立部を設けてはどうかということになり、一部門を新設した。ところが部長を誰にするかということで行き詰まった。そこでこう話した。

「荒くれ男を率いている女頭目もいる。よく時代劇などで見かけるが、柔よく剛を制すといわれているが、案外、女部長がよいかもしれない。しかしいまの女子社員のなかには残念ながらふさわしい人材が見当たらない。そこで女性のように温和でおとなしい人はどうか」

と。一同も「副社長がそうおっしゃるなら」と、文字どおり温厚篤実を絵に書いたような課長を部長とした。ところが一年たっても二年たっても、その部から騒動が起きてこない。過激な社員から何を言われても、その部長はハイハイ、おおせごもっともと聞き流すから、けんかにならない。思想信条を振りかざしても、おおせごもっともでは、まさにノレンに腕押しということになったのである。

これは漢書《かんじょ》にある「羊をして狼に将たらしむ」の教えが役立ったものであるが、仕向けようによっては、おとなしい羊も、狼を従えて一役果たしてくれるものである。

これはある営業所を子会社として独立させ、営業所長を代表取締役にしようとしたときのことである。

「あの所長はどこか釘が一本抜けているから社長には不的確だ」という意見が出た。

そこで、その所長を社長に推した私はこう話した。

中国のむかし、班超《はんちょう》という人が、異民族の多い西域守護の任務を終え、後任の任尚《にんしょう》という者に引き継いだ。

その際任尚は、先輩の班超に西域を治める心構えについて聞いた。

班超は、それにいとも簡単に答えて「あまり厳しくしないことだ」と言った。任尚は、なんといい加減でつまらない返事かぐらいに聞き流して、厳しく抜け目のない取り締まりをしたため、任地の人民の反感をかい失敗してしまったという。

やはり人間はゆとりというものが必要なのだ。釘が一本抜けているといっても、所長を立派に務めてきたのであるから、かなめとなる釘が抜けているわけではなかろう。とすれば班超ではないが、いくらかゆとりがあった方が良いのではないかと。

結局その所長を子会社の社長としたが、後年、社長賞を連続受けるほどの成績をあげている。一本抜けた釘の助力の功とでもいおうか。

私が幼稚園に通っていた孫に「今日お母さんとハイキングに行ったそうだな。あそこには川が流れていたろう」と聞いたら、「おじいちゃん、川じゃないよ、水が流れているんだよ」と言われ、返す言葉がなかった。

ある日その孫に「作業用の一輪車がパンクしてしまったから、自転車屋へ行って直してこい。前のタイヤだ」と言ったら「おじいちゃん、一輪車だから前もうしろもないんだよ」と。孫に教えられた格好だが、なんとも文句のつけようがない。

その孫が小学校一年生のとき、同級生に兜を脱いだ話をしてくれた。

「今日A君と一緒にB君のところへ遊びに行った。B君と僕は六十円のビン入りジュースを飲んだが、A君は三十円きり持っていなかったので飲めなかった。A君は僕たちが飲み終えると空ビンをお店へ行って一本十円で換えてきた。足らない十円をB君のお母さんから借りて六十円にしてジュースを飲み、自分の空ビンを十円に換えB君のお母さんに返した。これどうなっているんだろう。これでも僕は算数の点数はB君より上なんだが」とボヤいていた。

子供だといってバカにはできない。大人にこうした知恵があるかどうかも疑わしいではないか。

二　詩歌も亦《また》将たる者の嗜《たしな》み

歌の魔力

孔子の論語の中で「おまえたちはなぜ詩を学ぼうとしないのか。詩を読めば感動を受けて人間の心の機微に触れることができるし、連帯感も生まれてくる。そのため家庭では親に対し、職場では上役に対して円満になり、動植物についての知識も豊かになる」とのべている。

私はこれに加えて、「詩歌は深呼吸の役も果たせば、ボケ防止から若返りの妙薬でもある」と家族に話したら、「そこまで考えたら歌をすなおに楽しむことができなくなる」とたしなめられてしまった。

私は暇さえあれば、無意識のうちになにかを歌い出すようだ。たとえばこの原稿を執筆していて少々疲れてくると、背伸びをしながら自然に、石川丈山作の「富士山」の詩が口から出てくることがある。

仙客《せんきゃく》来り遊ぶ雲外の嶺《いただき》

神龍棲《す》み老ゆ洞中の淵
雪は紈素《がんそ》の如く煙は柄の如し
白扇倒《さかしま》に懸る東海の天

(富士山は多くの人々が登山して楽しむ山。そこは神秘的な光景が見られる。雪は白い練り絹のようだし、煙は一筋直立している柄のようである。あたかも白扇を倒に東海の天に懸けたようである)。

吟《ぎん》じ終わった頃には、頭もスッキリ、すぐペンを持つと文章が走り出す。

私は毎朝二時間ほど机に向かって過ごす習慣になっているが、農繁期などともなると机に向かう前に農作業衣に着替えている。よほど野良仕事が楽しみらしい。秋など仕事の合間にひと休み、葡萄棚の下に腰をおろすと、すぐ口から出てくるのが、王翰《おうかん》作の「涼州詞《りょうしゅうし》」だ。

葡萄の美酒夜光の杯
飲まんと欲すれば琵琶《びわ》馬上に催《およお》す
酔うて沙上《さじょう》に臥《ふ》す、君笑うこと莫《なか》れ
古来征戦《せいせん》幾人か回《かえ》る

（葡萄酒を夜光の杯についで、さあ飲もうとすると、馬上で琵琶が鳴らされ、早く飲めと催促している。戦場の砂漠で酔いつぶれたとしても、笑ってくれるな。むかしから戦に出て何人が無事に帰れただろうか）。

夜光の杯で一杯機嫌になったつもりだが、最後の一節でこれも吹っ飛ぶ。征戦といえば、私は太平洋戦争の終戦日に伊豆大島の噴火口近くで召集兵の訓練を受けていた。入隊して約二ヶ月の新兵、ようやく軍服に馴れたころである。

野増村の修爺さんという家に班長以下十一人で宿泊していたが、終戦となると腰抜けのようになる。ある夜、班一同床に入ったとき、班長が「だれか伊豆大島の歌を知っている者はおらんかい、記念にみんなで覚えて帰りたいんだ」と呼びかけたが、誰も知っている者はいないらしい。

私は「大島おけさ」なら知っていますと答えた。「よし大きな声で歌ってみろ、寝たままでもよろしい」。

上官の命令に背くことはできない。自分は相当の音痴といわれているが、歌詞も曲も知らないなら音痴もわかるまい。それに旅の恥はかき捨てという。

「ハァーハー、別れても南風吹きや思い出す、恋の黒髪、島のアンコの片エクボ」（作詞西條八十　音楽著作権協会）。

私の音痴の歌に班長もあきれたのか「よし、これで終わり、寝ろ」という号令で一同就寝となったが、終戦で緊張が解けたせいか、なんとものどかな気分になった。

いつも床についていては無線通信のモールス信号の復習で眠れなかったが、いまは昔のこと、いろいろな歌が浮かんでくる。大島おけさを歌ったせいか「佐渡おけさ」が頭に浮かぶ。

「来いと言うたとて行かりょか佐渡へ、佐渡は四十九里波の上」。

歌いながら重ねて思い起こすのが、寿々木米若の浪曲、佐渡情話、お光と吾作の悲恋の哀調子が頭をかすめる。かと思うと、芭蕉の「荒波や佐渡に横たふ天の川」の句も飛び出してくる。

歌は人を悦ばせるかと思うと悲しくもする。人の失意を発奮に変えることもできるし、熱意を失望に変えることも稀《ま》れではない。人に知恵を与えることもあれば失わせることもある。歌というものは、人の心を巧みに変えてしまう魔力とでもいおうか、不思議な働きをするものである。

人生劇場

唐の詩人李白の詩に「将進酒」がある。

君見ずや黄河の水天上より来るを
奔流して海に至って復《ま》た回らず
君見ずや、高堂の明鏡白髪を悲しむを
朝には青糸の如きも暮には雲となる

（君よ、黄河の水が天上から降ってきて奔流して海に入ってしまえば再び帰ることはないことは人の寿命と同じ。また高堂に住む貴人もやがては鏡に写してわが白髪を悲しむようになる。朝にはみどりの黒髪もたちまち雪のようになるではないか）。

ここまで吟じてくるとわが身を思って淋しくなる。しかし、次の文句、

人生意を得れば須《すべか》らく歓を尽すべし
金樽《そん》をして空しく月に対せしむる莫《なか》れ
天、わが材を生じるは必ず用有り
千金散じ尽せばまた復来らん

羊を烹《に》、牛を宰《ほう》って且《しばら》く楽しみを為し
会《かなら》ず一飲三百杯なるべし（以下略）

（人生得意の時はせいぜい歓楽を尽くすべきだ。酒樽がそこにあるのに、月見をしながら飲もうとしないような愚かなことはしなさるな。天がわれらに才能を与えたのは、必ず用いるところがあるからだろう。であるから不遇をなげくことなどはない。たとえ千金を失っても金はたちまちやってくる。なんで惜しむことがあろう）。

と吟じてくると、三波春夫の「チャンチキおけさ」も歌いたくなってくる。

その後は美空ひばりの「悲しい酒」がつづく。

「酒よこころがあるならば、胸の悩みを消してくれ、酔えば悲しくなる酒を飲んで泣くのも恋のため」（作詞石本美由起　音楽著作権協会）を歌い出すと、その人の年令が聞きたくなる。この歌を敬老会で歌った人がいたが、歌い終わって、どうだ若いだろうと独り合点の表情、これも若返りの妙薬かもしれない。

そのむかし東京銀座で「流しの直ちゃん」と名乗っていた兄さんから話を聞いたことがある。

「なにか、この商売で困ったことがありますか」と直ちゃんに聞いた。

「困ったことといえば去年の春のことですが、一人の客から〝人生劇場〟の二番〝あんな女に未練はないが、なぜか涙が流れてならぬ、男心は男でなけりゃ、わかるものかとあきらめた〟（作詞佐藤惣之助　音楽著作権協会）あれだけを一時間も歌わせられました。惚れていた女にふられたんでしょうね。いくら商売でも同じ歌を一時間も歌ってみなさい、相当こたえますよ。もっとも途中でトイレにいきましたがね」と。

私が「年はいくつぐらいの人？」と聞いたら、「丁度旦那ぐらいの人でした」とはご挨拶と思ったが、その御仁の胸のうちはどうであったのだろうか。

日本でワールドカップが行われたとき、それぞれの国の応援団が国旗を振って声を張り上げていた。それぞれに笛や太鼓を威勢よく鳴らしながら、夢中になって国の応援歌を歌っていた。

あのとき私の口から咄嗟に出たのが、東海林太郎の「麦と兵隊」だった。

「腕を叩いて遥かな空を仰ぐ瞳に雲が飛ぶ。遠く祖国を離れ来て、しみじみ知った祖国愛、友よ来て見よ、あの雲を」（作詞藤田まさと　音楽著作権協会）

国が違い、事が違い、人が違っても、祖国愛に変わることはない。ゲームより旗を振りながら大声で応援歌を歌う人々の姿に見入ったものである。

勧学と偶成

青春の火の消えた私に再び火を灯してくれた詩が、和漢朗詠集にある「東岸西岸の柳遅速《ちそく》同じからず、南枝北枝の梅開落已《かいらくすで》に異なる」であったことは、前にふれたとおりだ。場所が違えば、春の訪れも違ってくる。そうだ自分にも必ず春は来るんだと。この一句が、「五無才」と自嘲していた私の目を覚ましてくれたわけである。

しかし卒寿を越したいま、またぞろ反省、ぼやき心がさかんに出てくる。そして朱熹《しゅき》（朱子）の「勧学」「偶成《ぐうせい》」など、これまでは忘れていた詩まで思い起こすようになってきた。

勧学

謂《い》う勿《なか》れ今日学ばずとも而《しか》も来日《あす》有りと
謂う勿れ今年学ばずとも而も来年有りと
日月逝《ゆ》きぬ歳《とし》我を延ばさず

嗚呼《ああ》老いぬ是《これ》誰の愆《あやまち》ぞや

(今日学問をしなくても明日が在るといって怠けてはいけない。今年は学ばなくても来年があると言ってはいけない。日々は過ぎ去り、自分が年をとることを待ってはくれない。ああ空しく老いてしまった。これは誰のあやまちなのか)。

偶成《ぐうせい》

少年老い易く学成り難し
一寸の光陰軽んず可《べ》からず
未だ覚めず池塘《ちとう》春草の夢
階前《かいぜん》の梧葉《ごよう》已《すで》に秋声

(若い者はすぐに年をとっていくが、学問はなかなか成就し難いものだ。ほんの僅かの時間もむだにしてはいけない。子供のころ池の堤に春になると草が萌え出てきた楽しい思い出も覚めないでいるうちに、やがて庭先の桐の葉が落ちてすでに秋の気配だ)。

私の銀行駆け出し当時に在職されていた老書家が、劉廷芝《りゅうていし》の詩の最後にある「宛転《えんてん》たる蛾眉《がび》能く幾時ぞ、須臾《しゅゆ》にして鶴髪乱れて糸の如し」(美しい眉を誇るのも幾時の間ぞ。たちまち鶴のような白髪が糸のように乱れかかってくる）を説明をして、「井原君だって年をとって僕のように白髪頭になるんだ」と言われたことを思い出す。いまではその白髪さえ残っていない。

詩歌は正直なものだ。偽りの心はいずこにも見当たらない。

三　第三者を用いた功

子供も立派なセールスマン

現職時代、販売子会社の幹部の集まりでこんな話をしたことがある。

「皆さんは商品を売る場合、有力な人の紹介を得て売り込むことを好まないようだ。こうした考えは、他人の力を借りると、それだけ自分の手柄が落ちるとでも思っているのか、それともプロセールスマンの恥とでも考えているのか。もしそうであったら大きな誤りである。むしろ紹介してもらえるということは自分に信用があるからと考えるべきだろう」と。

当時トヨタ自動車のプロセールスマンの中村賢作さんと対談したとき、「私は小さい子供さんのいる家庭を訪問するときは、お子さんが学校から帰ってくる時間を見計らって訪問する。お子さんが帰ってきたら、ご主人と話の途中でも子供が遊びに出ないうちに、一言話しかける。これで新車が一台売れる」と話してくれた。

私がなんと話しかけるのかと聞いたら、

「坊やのうちに新車が入るよ」と。

坊やは、お父さんに確かめる前に近所中に放送してまわることになる。これではお父さんも買わないわけにはいかない。あどけない坊やも有力な紹介人なのである。

その後で「漁夫の利」の故事を話した。

中国の戦国時代、趙《ちょう》の国は燕《えん》の国が飢饉で苦しんでいる機会をとらえて攻め込もうとした。燕としては宿敵である斉《せい》の国の国境へ多くの兵を出しているため、いま趙に攻められては勝ち目はない。燕王は、ここはなんとか趙の侵入を食い止めたいと思い、その策を蘇代《そだい》という策士に頼んだ。蘇代は燕王からの恩義もあり早速引き受けて、趙の恵文王に会い、こう話し出した。

「今日、こちらへ参りますとき易水《えきすい》の川辺を歩いていましたところ、どぶ貝が口を開いて居眠りをしておりました。そこへ一羽のかわせみが飛んできてどぶ貝の肉を食おうとしました。どぶ貝は、あわてて貝がらを閉じてしまいました。かわせみは口ばしを貝にはさまれて、飛び立つことができません。

そこでかわせみは、どぶ貝に言いました。今日も明日も雨が降らなかったら、おまえなど渇いて死んでしまうぞと。

すると、どぶ貝は負けずに、おれが貝がらを開かなかったらおまえなど、たちまち飢え死してしまうぞと。互いに言い張って譲ろうとしませんでした。そこへ一人の漁師が通りかかり、いとも簡単に両方を掴んで立ち去りました。

そのとき私はハッと思いついたのです。

いま王は燕を攻めようとしていますが、燕をどぶ貝にたとえますと趙はかわせみということになりますが、燕と趙が争えば人民は疲労します。そこに強国秦が漁師となってやってきて両国を手に入れ、うまい汁を吸うのは秦ということになりましょう」と。恵文王は、それを聞いて「もっともだ」と言い、燕侵攻を中止したという。

これは「漁夫の利」の故事だが、第三者も使いようによっては国を救うほどの仕事をしてくれると。

蛇足を説いて国を救う

また、第三者を用いる功について、次の話をしたこともあった。

これも中国戦国時代の話である。

楚《そ》王は、宰相の昭陽《しょうよう》に兵を与えて魏《ぎ》を攻めさせ勝利を得た。王はさらに転じて斉《せい》に兵を向けようとした。

斉としても強国である楚に攻められては困る。

そこで、たまたま秦の使者として来ていた陳軫《ちんしん》に相談した。陳軫は、万事おまかせあれとばかり早速楚に出向いて昭陽に会い、こう話し出した。

「お国の法律についてお聞きしたいのですが、敵を破り、敵の将を殺した場合、どのような恩賞を頂くことになりますか」

「上柱国に任ぜられ、上執珪《じょうしつけい》の爵を賜わります」と昭陽は答えた。

「上執珪以上の高位高官がありますか」

「令尹《いん》です」

「すでにあなたは最高位の令尹。これ以上手柄をたててもなんの恩賞もないことになります。これをたとえてお話ししましょう」と陳軫は言い、こうつづけた。

ある人が召使たちに大杯の酒を一杯与えました。召使たちは一杯の酒を数人で飲んだのでは飲んだ気分にもなれまい。地面に蛇を一番先に画いた者が一人で飲むことにしてはどうか、ということになり一斉に蛇の絵を画き始めた。

そして一番先に画き終えた一人が、「足だって画けるぞ」と言って蛇に足をつけ、大杯を持ち上げようとしました。遅れて画きあげた男がその大杯を取り上げ「蛇に足などあるものか」と言って飲んでしまいました。

今あなたが斉を攻めるということは、ちょうど蛇に足を画くようなもので、たとえ勝ってもこれ以上の爵位にはなれませんし、万一負けたら爵位は取られ、身を亡ぼすかもしれません。それよりも斉を攻めず、恩を着せておくほうが楚のためにもなるのではありませんかと。

これで斉攻略は中止となった。有名な「蛇足」の故事である。

四　克己心

人に勝つ者は力あり

「人に勝つ者は力あり、自らに勝つ者は強し」と老子にある。人に勝つのは力があるだけだが、自分に勝つことのできる者は最も強い人である。

「勝って驕《おご》らざる者のみが次の勝利者となる」という先賢の言葉があるが、とかく一応勝利すると兜の緒を締めることを怠る。さらに過ぎて兜を取り、鎧まで脱ぐことになりがちだ。それでは戦いには勝ったが自分の心に負けたことになるだろう。

司馬遷《しばせん》のむかし、史記に楚の項羽を評した文句がある。

「項羽は数百年の間、まれにみる大人物であるが、指導者として欠ける点があった。われとわが功を誇るあまり、自分一個の知恵に頼って歴史上の教訓を学ばなかったことである」と。

項羽は兵を起こしてから七十余戦もの体験をしているが、一度も負けたことがなかった。

ために自信過剰が災いして自分の傲慢さにも気づかず、智将の献策にも耳をかさず、ついには劉邦《りゅうほう》に破れて、烏江《うこう》の露と消えている。力山を抜き、気は世を蓋う稀にみる英雄も自分には勝てなかったといえよう。

いまでもよく口にされている言葉に「山中の賊を破るは易く心中の賊を破るは難し」がある。

これは中国の明の儒学者王守仁（王陽明）が命によって山賊討伐に任務を果たし、この始末を弟子たちに書いた手紙の文句といわれる。

私が江西の賊を平らげたといって、なんで大きな手柄といえよう。もし、おまえたちが自分の心のなかにわだかまっている人間の欲という賊を一掃してしまうならば、それこそ男児として稀にみる偉業というべきなのである、という意味である。

要するに、山の中にいる山賊を撃ち破るのは容易なことではあるが、自分の心の中にわだかまっている邪念邪欲、私利私欲を撃ち破るのは困難である。私心を去り己を律することの難しさをのべたものである。

韓非子に「志の難《かた》き人は人に勝つにあらず、自らに勝つに在り」とある。

また「勝ち難きは己私《きし》に如《し》くはなし」と二程粋言《にていすいげん》は述べているが、私心に勝つことが最も難しいということで、私などいちばん耳の痛い文句である。

人生五段作戦

銀行へ入ったころ、一人の役職者がどこからか頂いた菓子折りを私に渡してくれて一言。「この寒さなんかに負けてはダメだぞ。自分に負けるような人間は使いものにならないからな」と。いま思うと、これはそばにいた他の行員に話しかけているようでもあった。

その上司は鹿児島生まれで西郷南洲崇拝者であっただけに、気も荒かったが私の人生の恩人を一人挙げよ、と言われたらその先輩ということになる。そのときの「自分に勝て」の教訓が、身に染み込んでいる。

別記したように私は二十才のとき生涯設計なるものを決めている。

勉学のほうでは、二十才から三十才までは法律、三十才から四十才までが哲学、歴史、四十才から五十才までが経済、経営。そして五十才から六十才までが蓄財、老後の準備。人生僅か五十年といわれた時代、なんとも気の長い話のようだが、何ごとも「つづける」ということが私の生涯信条、要は弛《たゆ》まずつづけることを自分に誓わせた計画であったわけである。

これを五段作戦と自分なりに名づけ、厳しさに挑戦、時代の変化に挑戦、自己能力の限界に挑戦、疑問（先見）に挑戦の四つを四挑戦とした。そしてこれらを貫くために勝った負けた、損した得した、ということにかかわる趣味娯楽を一切断つことにした。自分のような自らに疎《うと》い人間は、こうでもしておかないと楽しみに凝って折角の人生計画を踏みはずしてしまうと考えたからである。

このように己に負けないための手を、自分なりに打ってきたつもりだが、九十年も人間をつづけていると、己に負けた経験も少なくない。

たとえば勝負に拘わる趣味娯楽は完全に断ったが、その代わりに一人でも楽しめる釣りと園芸を始めたわけである。

海釣りのため伊豆熱川に別荘を求めたが、年老いては行くことも叶わず現在は空き地だけ残っている。また家にいては、椿、さつきの盆栽造りを志して土鉢を二千個も買い入れたが、木々の盆栽どころか自分自身が枯れかかった盆栽になってしまっては手入れの仕様もなくなる始末だ。

こうしたことは、自分だけは年をとることはなかろうという考えがどこかに潜んでいたからに違いない。それにしても九十才も過ぎてから、あらためて己を知らなすぎていたことに気がつくが、いかんともしがたい。

聖人孔子は「われ十有五にして学に志す。三十にして立つ。四十にして惑わず、五十にして天命を知る。六十にして耳順う。七十にして心の欲するところに従えども、矩《のり》を踰《こ》えず」(私は十五才のとき学問によって身を立てようと決心し、三十才で自分の立場が出来、四十才で自分の方向に自信を持ち、五十才で天が与えてくれた使命を自覚し、六十才で、だれの意志にも耳を傾けるようになり、七十才になってからは、自分をおさえる努力をしなくても行き過ぎのない調和のとれた行動がとれるようになった。つまり七十になると自分の好きなことをしても行き過ぎることはなくなった）と言っている。

前にも記したが、私は九十才を越しても己の欲するところに従って度を越しては、体の痛みを求めている。己に勝つということは、いくつになっても難しい宿題のようである。

過ぎた欲を持ちなさるな

自分に克《か》てない者が、部下に勝てる道理がないとは私の持論だが、部下に勝つより自分に克つほうが遙かに難しいものである。

言うまでもなく、自分に克つとは、自分の心のなかにある邪念邪欲、私利私欲に勝つことである。別記した後漢の光武帝も「人間足るを知らざるに苦しむ」と言っているが人間の欲というものにはこれで十分だ、ということがない。

従ってこれにブレーキをかけるには、たとえ己との闘いに鬼になったとしても、金の棒一本だけで、強大な我欲を打ち据えることは難しいだろう。

歴史を見ても過ちのすべては我欲から出たものというも過言ではない。現代のそれらもすべて欲に関わったものといえるのである。いかに欲が、国や企業、人間の災いとなっているかがわかる。

といって無欲になりきるというのもどうか。人間から欲というものを取り除いたら、たちまち闇の社会に落ちることになるだろう。そこで言えることは、過ぎた欲をもちなさるなということになる。

むかし中国に、貧乏も苦にせず、自然と共に生きようとしている荘子《そうじ》という哲学者がいた。しかし荘子も空腹つづきには勝てず、羽振りのいい代官のところへ一食代を借りに行った。代官としては荘子に貸しても返済が危ぶまれる。そこでこう答えた。

「承知したが、いまかねがない。二、三日のうちに領民から納税されるから三百金ぐらいなら貸しましょう」と。荘子としては二、三日後の三百金より、いますぐ一食代が欲しい。そこでこうつづけた。

今日ここに来るとき、車の轍《わだち》の跡に少々貯まった水にあえいでいる一匹の鮒に呼び止められた。鮒が言うには、「こんな少ない水の中に落ち込んで困っている。二、三杯の水を流し込んでくれたら助かるから、すぐ水を流し込んでくれませんか」と。

そこでこう答えてやった。「わしは二、三日中に越《えつ》の方へ遊説にいくから、そのとき川の水をたんまり流し込んでやるから、それまで待ってくれ給え」と。

鮒のやつはこう言い返してきた。「もう頼まないよ。二、三日たったら俺は乾魚屋の軒先に吊るされているだろうから、それでも見てくれ給え」と。

荘子の自由人としての一端を話にしたものであろうが、金銭に対して淡泊すぎるのも企業経営者としては問題であるし、金銭は賎《いや》しいものと考えるようでも荘子の空腹と同じ思いを余儀なくされるだろう。

傲《ごう》病の治療

「人生の大病は只一の傲《ごう》の字なり」（人の一生で最も命取りになる病気は、傲慢ということにつきる）と明の王陽明が書いた伝習録にある。

人間がこの病気にかかるときは、順風満帆、得意絶調の時にかかることが多い。したがって成功者が知らないうちにかかりやすい、やっかいな重病である。

いったんこの病気にかかると、他人より自分が勝れた人間と思い込み、人に任せず、人の言も用いず、人を見下げるようにもなる。部下など虫けらのように見えてきて、失敗しても自分の過ちと考えなくなる。自責の念もなくなれば罪悪感もなく、自分の立場さえ考えなくなるからその及ぼす害毒もわからなくなる。

病が重くなるにつれて傲慢の度合いが激しくなり、ついには信用を失って、まわりに人もいなくなってから目を醒ます。早期治療に心掛ける以外にないが、自覚症状が現れないだけに手遅れになる可能性がある。

トップの傲病の害は、当人に限らず組織全体にも大きな害を与えることになるため、本人自ら鬼となって持病と闘う必要がある。自分の体内に潜んでいる傲という鬼と立ち向かう鬼との闘いであるから、鬼同士での談合もあれば共倒れの恐れもある。よほど強い鬼になる覚悟を固めないと返り討ちにされる。

実は私もこの病にかかったことがある。銀行時代、終戦処理を果たした功として課長になったときである。

学なし、地位なし、金もなし、頭髪もなければ、青春もなしの五無才と自嘲していた自分が、一躍課長に抜擢された。係長や課長の中でも一番若いなどといわれると天にも昇った気分というか、鬼の首でも取った気分というか、心中まさに手の舞い足の踏むところを知らずの思い。すでに傲病の前兆である。

ある先輩に「私の長所を挙げて下さい」と尋ねて、「それが君の欠点だ」と言われたとき、ハッと気づいた。傲《ごう》病の初期ということに。

そこで治療のために思いついたのが、東京の街のなかで下積みの仕事をしながら生活費を稼いでいる人たちとの交際である。上野公園のホームレス、モク拾い男と話し合ったのを皮切りに、バタ屋、流し、石焼芋屋、乞食、競馬の予想屋など四十人と交際してきた。それらの人たちには思い上がった態度も発言も全く無い。こちらが傲《ごう》の一字を取り去れば、相手もありのままの心で付き合ってくれ、教えられることばかりであった。

さらに、五十才で取締役になったとき「堅、謙、倹、憲、研」を五ケンの戒めとして自分にいいきかせた。堅実、謙虚、倹約、憲は律を守る、研鑽《けんさん》の五ケンである。

社会の下積みの人たちとの付き合いはその後も長く続き、銀行の専務時代にこのうちの二人とNHKテレビの「交際術」という番組に出たことがあった。視聴者は、私を含めた三人が仲の良い友達同士ぐらいに感じていたろう。一緒にテレビに出てくれた人は、ちんどん屋の元締めの女性と東京銀座の屋台で餅を焼いていた男性であったが、テレビに映し出された三人の姿は釣り合いのとれた仲間同士ぐらいに映ったのではなかろうか。その頃になると、都市銀行のエリート意識などというものは私の体から抜けきっていたからである。

商売の秘訣

出演してくれた一人、ちんどん屋の元締めの春日輝子さんは、次第に商売をのばしていって宣伝広告会社の社長として西銀座五丁目に事務所を持っていた。また飯塚正一さんは銀座並木通りで焼餅を屋台で売っていたが、通りでも相変わらずの人気者であった。テレビのリハーサルを終えてひと休みしていたとき、早くにご主人を亡くし女手ひとつで子供を育て上げた春日さんが話し出した。

「これが終わったら羽田へ行って台湾へ遊びに行く。長男が先日も南方へ行ったから私も負けてられない」と。長男が行くときに「南方のあっちの病気はひどいというから男用をもっていきなさい」と話したら、その気になって防具を買ってきてバッグへ入れようとしたから、まずお父さんに見せなさいといって仏壇に備えました。「お父さんおかげさまで子供がこれを使えるようになりました」と報告したと。これを聞いた私たちはスタジオから出てしまった。笑いがとまらなかったからである。

さて下積みの人たちとのさらなる話は余談に過ぎるようであるが、簡単に付け加えておきたい。

彼等の商売の秘訣を聞くと、モク拾い（タバコの吸い殻を拾い集める）は若い人が多く集まる場所を選ぶことが秘訣だと言う。年配者は指が黄色くなるまで短くすってしまうから拾っても商売にならないのだそう。

またバタ屋（紙屑拾い）は場所選びと先手必勝だそう。どこでどういう紙屑を捨てるか。人に拾われないうちに行くことだと。

イミテーションの指輪の行商は、女性の自尊心を傷つけないことが秘訣だと教えてくれた。石焼芋は一定量焼き上らないと呼び声を出さないことが秘訣だという。大部分若い女性が客であるから、それには通りを通過する時間の厳守と独特の叫び声も大事だと。

競馬の予想屋は、この商売で金を残すには、馬券を自分では絶対に買わないことだと吐き捨てるように話してくれたが自分の反省から出た文句であろう。

流しの兄さんは観察力と答えた。客の態度によって歌い出す。会社の上司と部下なら根性ものを歌う。乞食の一人は、くれた握りがくさった臭いがしていてもその場で捨てないこと。離れたところにいって犬にやるのが、この世界で生きていく秘訣だと言っていた。

ところで銀座のクラブのホステスの客の品定めは厳しかった。軽べつしたい客として「私たちの膝や胸に油頭をつける客＝思いやりがない。頼みもしないのに名刺をくれる人＝あまり才能がない。飲みながら仕事の話きりしない＝仕事しか話題がないとは情けない」と。さらに「一人で来ながら公給領収書の客数を四人に直して会社に取りにこいと言う人。一万円立て替えてくれ、子供に土産を買って帰るから、そのかねは今晩の客と飲んだなかにうまく割り込んでくれと言う人」と。

私が「そんな客でも貴女方の売上成績が上がるなら良い客ではないか」と聞いたら、「詐欺師の力でナンバーワンにはなりたくありません」と言っていた。

言葉にも行動にも正直、ざっくばらんというか、まことに気持ちよく話し合いしたものであった。これらはずいぶんむかしの話なのだが、いまに通ずるところもある。

五　去るときは盛時

去るは盛時

「去るは盛時、居《お》くは独後」という言葉が言志四録にあった。

要するに、会社勤務であれば会社が盛大な発展をとげているとき、そして自分も健康で元気のあるうちに身を引くべきである、そして隠退したあとは名利とはかかわりのない場に身をおきなさいという意味である。

これはいまになって思い記していることだが、私の銀行時代、常務取締役であった恩人から「井原君、ここで言っておくが、退職後、現役時代より収入が減るようであったら現役中怠けていたと思いなさい」と言われ、「そんな無茶なことを言ったってできるはずがない」と独り言をいった記憶がある。

しかしその恩人常務は銀行を退いた後も悠々豊かな生活を送っていた。恩人の言葉の意味は、老後豊かで楽しい生活を送れるだけの準備を、いまからしっかりとしておけということであったろう。おかげ様で私名義の土地を貸し付けている地代を含めると、現職時代より収入は多くなっている。これならあの世で恩人に出会っても文句は言われまい。もし隠退後のための生活準備がなかったら、独後に身をおくどころか、生活不安が嵩《こう》じてあの世への旅立ちを早めることにもなりかねなかった。

私は銀行を六十才の定年で退いた。当時の銀行は、期末利益を圧縮するために不良債権を懸命に探し出して償却するほど健全なものであり、そこに働く人たちも世人羨望の的とされていたほどであった。ところがいまは、かつての職場を見やると「国破れて山河在り」と、杜甫の嘆きを私に味わわせてくれている。

いまにして思うと私の幸せは「去るは盛時」と教えてくれた言志四録の著者佐藤一斉先生の意に添っていたことに満足しているわけである。

いま九十三才にして心がけていることは、先祖以来の位牌の汚れを取り除くこと。目下仏具屋を物色中。加えて私たち夫婦の戒名をお寺さんに頼むこと。先祖代々の墓の改修はすませてある。「児孫のために美田を残さず」は西郷南洲の言い分だが、私は「児孫のために負担を残さず」とむかしから考えてきたことを貫きたいと思っているわけである。

そして健康長寿の心得として「早寝早起き腹八分目」、あとは仕事に熱中するだけとし「日々楽し」の毎日を送っているわけだ。従ってそこに名利など全く必要のない暮らしである。

さて、こうした楽しい生活を続けていると一つの心配も浮かんでくる。

白隠和尚はこんなことを言っている。

七十才になってあの世から鬼が迎えに来たら「留守だ」といって追い返せ。

八十になって鬼が来たら「まだ早い」といって帰ってもらえ。

九十になって来たら「そう急がせるな。百になったら都合をみてこちらから出向く」といって帰ってもらえと。

私の場合、あと七年で百才になるが果たして都合を見てこちらから出向くといって鬼に帰ってもらえるかどうか。それならその時なんといって帰ってもらうか。これだけは先賢も言い残してはいない。先賢の知恵を盗める限り盗んできたつもりだが、百才になって鬼を追い返すセリフだけは誰も残してくれていない。

真の楽しみは身の自由にあり

さて私は別記したように本書執筆と併行して「人生真の楽しみは先憂後楽にあり（仮題）」を書いている。

その中に言志四録にある「真の楽しみは身の自由にあり」という文句を引用しているが、いまのわが身は全くの自由。

年間連休で、机に座ることに疲れてくれば、作業着に着替え畑に行く。そこで疲れると玉石に腰を降ろして休み、渇けば手を伸ばして夏はミニトマトを口に放り込む。秋は庭先のブドウのつまみ食い。春の夕暮れなど人通りもまばらになってからビールビンを入れた箱に腰を落して、唐の詩人李白の「春夜洛城に笛を聞く」を吟《ぎん》じてみる。

誰が家の玉笛か暗に声を飛ばす
散じて春風に入って洛城に満つ
此の夜、曲中折柳《せつりゅう》を聞く
何人か故園《こえん》の情を起こさざらん

だれの家からともなく暗闇をとおして笛の音が聞こえてくる。その音色が春風にのって洛陽の都にひろがっていく。今宵は、折柳という別れの曲が聞こえてきた。これを聞いて故郷をおもわない人があろうか、という意味だろう。

自分の吟詠《ぎんえい》の声が、どこからともなく聞こえてくる笛の音に消されそうに思えてくるようだ。

これも近年の話、私が美空ひばりの柔を歌っていた。

通りかかった近所の人が「私もその歌が好きでよく歌っています、今二番を歌っていましたが年はおいくつになりました」と聞くから「満で九十二になりました」と答えた。するとその人は「あの歌の二番はたしか〝恋の涙をかみしめる〟ですよね、ずいぶんお若いですね」と笑っている。そこで言い返した。

「源義経の愛妾静御前は〝昔を今に還えす由《よし》もがな〟と歌っているが、私はいま昔を今に返しているんだ」と。「なるほどそれが長生きのモトなんですね」とお世辞ともなく言い残して去った。「酒は憂《うれ》いの捨てどころ」と詠んだ人があるが、歌は老《おい》の捨てどころとしても通じるのではないかと思う。

歌といえば唐の詩人白楽天は良い詩を残してくれている。唐詩選に次のようにある。

日高く睡《ねむ》り足りて猶《な》お起くるに慵《ものう》し
小閣衾を重ねて寒さを怕《おそ》れず
遺愛寺の鐘は枕を欹《そばだ》てて聴き
香炉峰の雪は簾を撥《あげ》て看《み》る
匡廬《きょうろ》は便《すなわ》ち是れ名を逃るるの地
司馬は仍《な》お老《ろう》を送るの官たり
心泰《やす》く身寧《やす》きは是れ帰する処
故郷何ぞ独り長安のみに在らんや

（日が高く上っても起きるのはものうい、小さな部屋に蒲団を重ねて寝ているので寒いことはない。枕をそばだてて遺愛寺の鐘の音を聴き、簾《すだれ》をあげて香炉峰の雪を眺める。昔から廬《ろ》山は名誉心から逃れている人たちが住むところだし、いまの自分は老年を送るのに相応の閑職だ。心易く身も無事でいられるところこそ安住の地である。故郷は何も長安に限ったことではない）。

香炉峰は廬山の西北の峰だという。司馬というのは州の軍事をつかさどる官のことで、白居易の老後を楽しむ姿が目に浮かんでくる。平安の才女清少納言が宮中に仕えていたとき、中宮定子《ていし》が、ある雪の日「香炉峰の雪はいかに」と問うたのに対し、立って定子の前の簾を巻き上げ、詩歌の教養を自分の行動にさりげなく活かし、才女の器を高めたという。目的のない学問の功といえよう。

私の自己満足

いま私の住まいは武蔵浦和の近く。

詩人劉廷芝《りゅうていし》は、「白頭を悲しむ翁に代わる」と題した詩の中で「已《すで》に見る松柏摧《くだ》かれて薪《たきぎ》と為るを、更に聞く桑田《そうでん》変じて海と成るを」と詠んでいるが、現在私の住まいは、「水田変じて都となり、高層林立して富士を見ず」ということになっている。

敷地内の木々は四季を告げ、キジ鳩、尾長、雀、カラスなどの野鳥は巣を作り、エンマコオロギは忘れず秋を教えてくれる。四季折々の果物は自然に実をつけ季節を楽しませる。

こうした生活を夢見て五十才のときから準備を始めたわけだが、この準備に狂いはなかったと自己満足だけはしているのである。

別記したとおり、銀行退職後ある会社の再建に協力したとき、再建なり次第退社すると心に決めていた。そして再建の目標として掲げたゼロ（無借金）一（東証一部上場）二（二割配当実施）三（社員ボーナスを年三回支給）を果たしたので辞表を提出したところ、社長からもう一年止まってくれと強く求められ止むなく一年延期、翌年再び提出してまた止められ、翌年は役員改選期だったので、改選を強く求め退任してしまった。

そのころ会社創立三十周年だったかの祝賀会が盛大に行われたが、すでに私は退任が決定していた。去るは盛時の時を得たことに満足しているわけである。

その後退社挨拶を幹部役員社員の前でしたとき、色紙に書いた「安けれども危うきを忘れず、在すれども亡びるを忘れず、治まれども乱れるを忘れず」を社員代表に渡した後でこう結んだ。

「会社経営に困難であった、不可能であったということは許されない。許されないことにとらわれているほど愚かなことはない」と。

副社長退任後、相談役という肩書をいただいた。

「任期はどうか」と尋ねたら、「死ぬまで」と言われたが、先年辞任してしまった。何も為すことなしで報酬を受けるいわれはないからである。いただいていた報酬は手をつけず、個人所得税分を差し引いた残りを会社へ寄付してしまった。これで老後の心の負担も幾分軽くなったと思っているわけである。

如水のこころ

相談役を返上して三年ほどたった頃、ある社長から次の相談を受けた。

「今度社長を辞めて会長になり、社長を長男に譲ろうと思う。そこで伺いたいことは、会長は会社で何をしたらいいのか、会長の任務についてお伺いしたい」というもの。そこで私はこう答えた。

「長男の方も今まで会社の仕事をしてこられたといいますから、会社の仕事は知り尽くしているはずで、会長から改めて教えてやることはないでしょう。ですから会長の仕事はないはず。ないのにやろうとすれば二頭政治。これでは統一が取れなくなります。会長になったら仕事から一切手を引くべきでしょう。ただこれではあなた自身の緊張がゆるみ健康に支障が生じます。地方公共団体の仕事に打ち込むのもよし、好きな趣味に打ち込むこともよし、いずれにしても信じて長男に椅子を渡した以上すべてを委すべきです」と話した後で、こう付け加えておいた。

秀吉の軍師ともいわれた黒田如水は、病床に伏すようになってから些細なことにも家来たちを叱りつけ、家臣たちは抵抗もできずに困り切っていた。それを見かねた子の長政が「父上、病でいらだつこともございましょうが、家来共が困っております。いま少し穏やかにお願い致します」と苦情を言った。

すると如水は、長政の耳元にささやいた。

「わしが口うるさくすれば、その分だけ、家来たちはおまえを慕うようになろう。おまえと黒田家のためにやっていることじゃ」と話したとものの本にありました。

新会長もこの如水の心であってもいいのではないでしょうかと。

功成り名遂げ、身退くは天の道なり

老子に、「功成り名遂げ、身退くは天の道なり」とある。

すなわち功績をあげ、名を残したなら、さっさと引退するのが自然の道であるという意味である。

また、十八史略には「四時の序《じょ》、功を成すものは去る」とある。すなわち春夏秋冬の各季節は、それぞれの役目を果たすと去っていくものだ。つまり、人も功名を成し遂げた者は、後進に道を譲るべきであるということだ。

ところが世の中には功を遂げ名を残しても、まだ引退は早い、引退するほどの年ではない、引退しては張り合いがなくなる、さらには、まだやらねばならない仕事がある、後継者がいない等々の理由をつけ、いつまでも身を退かない向きも少なくない。

理由はいずれも自分勝手なもので職場本意のものではない。もし私を後にして公を先に考えるなら、自分の引退を早くから意識して、秀れた後継者づくりということに関心をもつはずではないか。適当な後継者がいないということ自体、育成怠慢のそしりを受けるだろう。

人の寿命には限界があるが、企業に限界があってはならない道理、してみれば後継者育成はトップの最高の任務というも過言ではない。

功遂げた実績は評価されても、後継者育成を怠ったとすれば、現職時代の功も帳消されることになるだろう。「功を成すものは去る」いさぎよさがないから、後継者を早めに育てておおくことを忘れるのだろう。

引退の機を誤る者の多くは、名利にしがみついている者に多い。自分が退いては会社が心配だといかにも愛社精神を口にしている向きもあるようだが、周囲からみれば長く居座ってもらう方がはるかに心配なのである。

近年有名会社の権力者が、周囲や監督官庁から詰め腹を斬らされたようであったが、創業発展の功も消えたばかりか、かえって汚名を着せられて晩節を汚している。功を遂げた者は引くべきときに引き、その時期を誤ることのないよう心したいところである。

易経《えききょう》に、「我が生を観て進退す」とある。つまり自分の生活をよく観察し、時宜《じぎ》に叶うように身を処する。そうすれば出所進退を誤ることはないとある。自分の使命・立場を考えて、進退を決めたいということである。

これは最高の地位にある者に限らない。補佐、協力の任にあった人についてもいえることで、進退を誤って九仞《きゅうじん》の功を退任によって一簣《き》に虧《か》いた例も少なくない。賢明な協力者は、惜しまれている時に退いているものである。

前記した西漢の智将張良は「仙人旅行」を理由に、また春秋時代越王に仕えた范蠡《はんれい》は「越王とは苦しみは共にすべきも楽しみは共にすべからず」という理由で、宰相の地位をなげうって隣国で商人になって身を隠している。「去るは盛時、居《お》くは独後」と記したように引退する時は盛んな時にすべきだし、その後の身のおきどころは名誉や地位などと関係のないところに身を処するべきではないだろうか。

私はその点でも幸せであった。第一の職場であった銀行は盛々の時に定年退職している。第二の会社では再建の使命を果たして退いている。時を誤ることがなかったことを天に感謝するばかりである。

去るための準備

さて、時を誤ることなく去るにはそれなりの準備が必要になる。

いかに「我が生を観て進退す」と教えられても、わが生を見れば見るほど引くに忍びないということでは時を誤ることになる。したがって引退は必至であると思えばそれなりの準備が必要ということになる。

家庭生活の準備、心の準備、健康の準備等々あるが、これらは一朝一夕にできるものではない。長い間の積み上げが必要になる。

学問の準備は二十才から始めたと記したが、九十を過ぎても活字から別れられない。というのも、あの世とやらでも、現世の学問が通用すると考えているからだ。

経済的な準備と老後の生き甲斐の準備を私は五十才から始めている。生き甲斐準備のほうは準備すればするほど興味が加わって、九十を過ぎたいまも甲斐のある日々を過ごしている。あの世行きの旅行は延期また延期を繰り返しているわけである。もっともやり残した事がたくさんあってまだ死ねないと思っているわけではない。

まだ死ねない死ねないと思って死ぬほど不幸なことはないのではないか。

現職を去るにしても、この世を去るにしても憂を残さず、笑顔で別れてこそ幸せな人生といえるのではなかろうか。

【本書に引用された名言・金言】

索引

【本書に引用された名言・金言】索引

（　）は出典、数字は掲載頁

【ア行】

・朝食せざれば昼に餓《う》え少にして学ばざれば壮にして惑う（言志四録）270
・過ちを改めざるこれを過ちという（論語）74
・遺愛寺《いあいじ》の鐘は枕を欹《そばだ》てて聴き香炉峰の雪は簾《すだれ》を撥《あげ》て看る（唐詩選）407
・謂《い》う勿《なか》れ今日学ばずとも而《しか》も来日《あす》有りと（唐詩選）382
・言えども相聞こえず故に鼓鐸《こたく》をつかう視せども相見えず故に旌旗《せいき》をつかう（孫子）94
・勢いに求めて人に責《もと》めず（孫子）261
・幾度か辛酸を経て志はじめて固し（西郷南洲）300
・一将功成りて万骨枯る（唐詩選）221
・一灯を掲げて暗夜を行く（言志四録）26
・一目の網は以て鳥を得べからず（淮南子）101
・一以て之を貫く（論語）343
・一利を興《おこ》すは一害を除くに若《し》かず（元史）38
・犬窮すれば垣根を越え人窮すれば梁《はり》から下る（俗諺）6
・迂直《うちょく》の計（孫子）257

・怨みに報いるに徳を以てす（老子）321
・燕雀《えんじゃく》いずくんぞ鴻鵠《こうこく》の志を知らんや（史記）33
・王侯将相いずくんぞ種あらんや（史記）33
・己の欲せざるところは人に施すなかれ（論語）344
・親は爪子供は札に火を灯し（川柳）342

【カ行】

・会稽《かいけい》の恥を雪《すす》ぐ（十八史略）108
・隗《かい》より始めよ（戦国策）136
・化して之を教えるは教入り易きなり（言志四録）186
・臥薪嘗胆《がしんしょうたん》（十八史略）74
・勝ち難きは己私《きし》に如くはなし（二程粋言）391
・果断の勇（言志四録）259
・禍は福の倚《よ》るところ福は禍の伏すところ（老子）335
・禍福に門無し唯人の招く所のままなり（春秋左氏伝）337
・韓信の股くぐり（史記）319
・完璧（十八史略）192
・騎虎《きこ》の勢い下るを得ず（隋書）61

・吉凶は人力に及ばず（尉繚子）23
・君見ずや黄河の水天上より来るを（唐詩選）379
・九仞《じん》の功を一簣《き》に虧《か》く（書経）283
・漁夫の利（戦国策）385
・帰来試みに梅梢を把って看れば春は枝頭に在りて已に十分（唐詩選）18
・麒麟《きりん》地に墜《お》ち千里を思う（北宋・黄庭堅の詩）89
・金玉堂に満つるも之を能《よ》く守ること莫《な》し（老子）339
・勤は徳義に敏ししかるに世人は勤を借りて以てその貧を済《すく》う（菜根譚）356
・金を攫《つか》む者は人を見ず（列子）325
・愚公《ぐこう》山を移す（列子）28
・国破れて山河在り（杜甫・春望詩）309、403
・君子は義に喩《さと》り小人は利に喩る（論語）312、356
・鶏口となるも牛後となる勿《なか》れ（史記）10
・鶏鳴狗盗《けいめいくとう》（史記）240
・激水の疾くして石を漂《ただよ》わすに至るは勢《せい》なり（孫子）271
・捲土《けんど》重来（杜牧・烏江亭）82
・賢にして財多ければ則ち其の志を損なう（漢書）340

・紅海のよく百谷の王者たるゆえんは（老子）357
・鴻門《こうもん》の会（漢楚軍談）229
・香炉峰の雪 ↓ 遺愛寺の鐘は
・呉越同舟（孫子）48、262
・志を自刃に降ろさず（三国志）64
・志の難き人は人に勝つにあらず自らに勝つに在り（韓非子）390
・志は易きを求めず事は難き事を避けず（後漢書）291
・心は小ならんことを欲して志は大ならんことを欲す（淮南子）92
・事は予めすれば即ち立ち予めざれば即ち廃す（中庸）275、279
・此の道今人《こんじん》棄てて土の如し（古文真宝）365
・これを知ること難きにあらずこれを行うことこれ難し（書経）191
・これを亡地に投じて然《しか》る後に存しこれを死地に陥れて然る後に生く（孫子）254
・功成り名遂げ身退くは天の道なり（老子）411
・呉下の阿蒙《あもう》にあらず（三国志）258

【サ行】

・先んずれば人を制す（史記）267
・去るは盛時居《お》くは独後（言志四録）402、414

・三十して立つ四十にして惑わず五十にして天命を知る（論語）393
・山中の賊を破るは易く心中の賊を破るは難し（陽明全書）390
・児孫のために美田を買わず（西郷南洲）341、403
・四時《しじ》の序功を成すものは去る（十八史略）412
・四十にして惑わず　↓　三十にして立つ
・至誠は神の如し（中庸）113
・四面楚歌（史記）82
・小知には事を謀《はか》らしむべからず小忠には法を主《つかさど》らしむべからず（韓非子）331
・少にして学べば即ち壮にして為すことあり（言志四録）348
・少年老い易く学成り難し（唐詩選）383
・丈夫《じょうふ》地に墜《お》ち自ら万里の気あり（金・元好問の詩）89
・小利を顧みるは則ち大利の残なり（韓非子）333
・嗇《しょく》に若《し》くはなし（老子）352
・繍《しゅう》を着て夜行くが如き　↓　富貴にして故郷に帰らざるは
・酒池肉林（史記）339
・人生意気に感ず功名誰か復《ま》た論ぜん（唐詩選）207
・人生の大病は只一の傲の字なり（伝習録）396

・信上下に孚すれば難きことなし（言志四録）196
・秦長城を築いて鉄牢に比す（唐詩選）306
・仁には衆を為すべからず（孟子）345
・盛者必衰の理をあらわす（平家物語）226
・赤心を推して人の腹中に置く（後漢書）114
・折檻（漢書）118
・拙速を聞くも未だ功の久しきを睹《み》ざるなり（孫子）263
・創業は易く守成は難し（唐書）310
・卒を視ること嬰児《えいじ》の如し（孫子）218
・其の志有れば必ず其事成る（三国志）64

【タ行】

・太公望（史記）214
・他山の石以て玉を磨くべし（詩経）365
・蛇足（戦国策）388
・戦いに勝ちては喪礼を以て之に処《お》る（老子）359
・民《たみ》信なくんば立たず（論語）224
・足を知る者は富み、つとめ行う者は志あり（老子）324

・誰が家の玉笛か暗に声を飛ばす（唐詩選）405
・知恵ありと雖《いえど》も勢いに乗ずるに如かず（孟子）272
・力山を抜き、気は世を蓋う（史記）81
・長鋏《ちょうきょう》よ帰らんか食うに魚なし（十八史略）243
・天下の難事は必ず易きに作《おこ》り大事は必ず細事に作る（老子）298
・天知る地知る我知る子知る（資治通鑑）141
・天は長く地は久し（老子）75
・天網恢々《かいかい》疎にして漏らさず（老子）139
・銅を以て鏡となせば（唐書）208
・咎《とが》めを身に帰し己を刻して自ら責む（漢書）314
・東岸西岸の柳遅速《ちそく》同じからず（和漢朗詠集）15、382
・桃李《とうり》言わざれども下自ら蹊《こみち》を成す（史記）213
・桃李は艶なりといえども何ぞ松蒼栢翠《しょうそうはくすい》の堅貞《けんてい》なるにしかん（菜根譚）305
・徳は事業の基なり（菜根譚）355
・疾《と》く呼ぶも百歩に聞こゆるに過ぎざれども志の在るところよく千里を踰《こ》ゆ（淮南子）89
・蜚《と》ばず鳴かず（史記）230
・怒髪冠を衝く（史記）192

・呑舟《どんしゅう》の魚は枝流に游がず（列子）90

【ナ行】

・泣いて馬謖を斬る（十八史略）146
・難を其の易に図り大を其の細に為す（老子）300
・七十にして己の欲するところに従えども矩《のり》を踰《こ》えず（論語）7、393
・難事は易きに図り大事は細事に図る（老子）298
・肉を割《さ》いて以て腹に充《み》つるがごとし（十八史略）350
・二卵を以て干城《かんじょう》の将を棄てる（孔叢子）173
・人間万事塞翁《さいおう》が馬（淮南子）293、336
・能を以て不能に問い多きを以て少なきに問う（論語）107
・嚢中《のうちゅう》の錐（史記）246

【ハ行】

・敗軍の将兵を語らず（史記）56
・背水の陣（史記）53、254
・恥ずることなきを之恥ずれば恥はなし（論語）113
・抜山蓋世《がいせい》　↓　力山抜き
・羊をして狼に将たらしむ（漢書）372

・人を治め天に任うるは嗇《しょく》に若くはなし→　嗇に若くはなし
・人を玩《もてあそ》べば徳を喪《うしな》い物を玩べば志を喪う（書経）130
・人に勝つ者は力あり自らに勝つ者は強し（老子）389
・人に千日の好《よし》みなく花に百日の紅《くれない》なし（通俗編）280
・人皆人に忍びざるの所あり（孟子）311
・一人倹を知れば則ち一家富み王者倹を知れば則ち天下富む（五代の道士・譚峭）356
・百戦百勝は善の善なるものにあらず（孫子）256
・富貴にして故郷に帰らざるは繍《しゅう》を着て夜行くが如きのみ（十八史略）230
・風声鶴唳《かくれい》（晋書）4
・風林火山（孫子）99
・淵に臨《のぞ》みて魚を羨《うらや》むは退きて網を結ぶにしかず（漢書）14
・葡萄の美酒夜光の杯（唐詩選）376
・刎頸《ふんけい》の交り（史記）191
・兵は多きを益とするに非《あら》ざるなり（孫子）86、261
・兵は死地なり（孫子）194
・法三章のみ（史記）126

【マ行】
・学ぶに如かず（論語）261
・身を以て教うる者は従い言を以て教うる者は訟《あらそ》う（後漢書）71、187
・自ら恃《たの》みて人を恃むこと無かれ（韓非子）34
・無用の用（荘子）296
・盟主の導《よ》りてその臣を制するところのものは二柄《へい》のみ（韓非子）124
・明明たる上天下土を照臨す（詩経）144
【ヤ・ラ・ワ行】
・山深きも更に深く入るべし聞く早梅の村有るを（南宋・楊万里の詩）18
・善く人を用うる者は之が下となる（老子）202、357
・利を見ては義を思う（論語）341
・両心は以て一人を得べからず一心は以て百人を得べし（淮南子）116、190、303
・六十にして耳順《したが》う（論語）227
・隴《ろう》を得て蜀《しょく》を望む（後漢書）303、324
・我が生を観て進退す（易経）414
・われに三宝あり（老子）355

著者　井原隆一《いはらりゅういち》氏について

十四歳で埼玉銀行（現りそな銀行）に入行。十八歳で夜間中学を卒業するも、父親の死後莫大な借金を背負い、銀行から帰ると家業を手伝い寝る間も惜しんで借金完済。

その間、並外れた向学心から独学で法律・経済・経営・宗教・哲学・歴史を修めた苦学力行の人。最年少で課長抜擢、証券課長時代にはスターリン暴落を予測し、直前に保有株式証券をすべて整理、経理部長時代には日本で初めてコンピュータオンライン化するなど、その先見性が広く注目され、筆頭専務にまで上りつめた。

六十歳のとき、大赤字と労働争議で危地に陥った会社の助っ人となり、一挙に四十社に分社するなど独自の再建策を打ち出し、短期間に大幅黒字・無借金の優良会社に蘇えらせる。その後も数々の企業再建に尽力。名経営者としての評判が高い。

一九一〇年、埼玉県生まれ。主な著書に「社長の帝王学」「人の用い方」「社長の財学」「財務を制するものは企業を制す」「危機管理の社長学」「帝王の経営学ＣＤ」…他、多数。

二〇〇九年逝去。

危地突破の経営（新装版）

定価：本体　九、八〇〇円（税別）

二〇〇三年　五月　十四日　初　版　発　行
二〇一九年　三月　十六日　新装版初版発行
二〇二三年　四月　十八日　新装版三版発行

著　者　井原隆一
発行者　牟田太陽
発行所　日本経営合理化協会出版局
東京都千代田区内神田一―三―三
〒一〇一―〇〇四七
電話　〇三―三二九三―〇〇四一（代）

装　丁　美柑和俊
印　刷　精興社
製　本　牧製本印刷

ISBN978―4―89101―410―0　C2034